Brigitta Klingel

Vegan-Küche

Kochen mit Gemüse und Getreide

Eiweißentschlackung durch gesunde Ernährung
80 Rezepte auf rein pflanzlicher Basis aus aller Welt

Südwest

Inhalt

Buchweizen mit Paprika und Tofu enthält viel Vitamin C und Eiweiß sowie Mineralstoffe.

Vegan – ohne Milch und Ei 4

Vegan – mehr als nur gesunde Ernährung 6

Von Hindus lernen 6

Was der Körper alles braucht 10

Eiweiß 10

Essentielle Aminosäuren 11

Eiweiß in der Vegankküche 12

Fette 13

Kohlenhydrate 14

Vitamine 15

Mineralstoffe 18

Kalzium 20

Eisen 23

Jod 24

Zink 26

Kaltgepreßte Öle liefern die wichtigen ungesättigten Fettsäuren.

Veganküche 28

Tips und Wissenswertes rund um die Vegan-Ernährung 28

Vegane Köstlichkeiten selbstgemacht 29

Tomaten- und Brokkoli-Auflauf – nicht nur für eingefleischte Veganer ein Gedicht.

Veganrezepte 32

Deutschland 34

Österreich 34

Italien 35

Frankreich 35

England 36

Rußland 37

China 38

Indonesien 38

Indien 39

Westafrika 41

Südafrika 42

Nordamerika 43

Mexiko 44

Ernährungsgebräuche aus anderen Kulturen können uns eine gute Anregung sein.

Herzhafte, deftige Hauptgerichte 46

Schnellgerichte 56

Suppen 62

Saucen, Marinaden, Dips 68

Bratlinge und Füllungen 78

Kuchen, Torten, Süßigkeiten 82

Wer gesund leben will, muß auf Süßes nicht verzichten!

Vitamintabelle 92

Über dieses Buch 95

Register 96

Getreide bietet wertvolle Balaststoffe, die den Blutzucker in Zaum halten.

Menschen, die sich rein vegan ernähren, sind generell gegen Mißbrauch von Tieren.

Vegan – ohne Milch und Ei

Daß vegetarische Ernährung gesund ist, hat sich mittlerweile herumgesprochen, und die vegetarische Küche erfreut sich zunehmender Beliebtheit. Nicht zu Unrecht, denn die Zeit der lustlos zubereiteten und fast ungewürzten Salat- und Gemüseplatten ist vorbei. Wer sich heute vegetarisch ernähren möchte, kann aus einer Vielzahl von raffinierten Gerichten wählen, ob für sich zu Hause oder im Restaurant. Es kann vorkommen, daß manches Produkt oder Gericht unter »vegetarisch« läuft, das diesen Begriff nicht verdient. Was also ist Vegetarismus?

Die drei vegetarischen Gruppen

Veganernährung bedeutet, konsequenter Verzicht auf jegliche tierischen Lebensmittel.

Es gibt drei Hauptgruppen: ovo-lakto-vegetabil, lakto-vegetabil und vegan.

- Die ovo-lakto-vegetabile Ernährungsform versteht sich ohne Fleisch und Fisch, läßt jedoch tierische Produkte wie Eier und Milch zu.
- Die lakto-vegetabile Ernährung verzichtet auf Fleisch, Fisch und Ei; Milchprodukte finden jedoch Verwendung.
- Die Veganernährung lehnt jegliches tierische Produkt ab; sowohl Fleisch-, Fisch-, Ei-, Honig- als auch Milcherzeugnisse werden gänzlich vom Speiseplan gestrichen.

Wenn wir die drei Gruppen in einer Pyramide darstellen, würde als breite Basis die ovo-lakto-vegetabile Ernährungsform stehen, mit dem ganzen Reichtum an Gerichten einschließlich Ei- und Milcherzeugnisse.

Etwas schmaler, aber noch immer reichhaltig ist das Angebot bei der lakto-vegetabilen Ernährung.
Die Spitze der Pyramide nimmt die Veganküche ein. Da wird es eng, was die Auswahl angeht. Denn hier gilt: Es werden konsequent nur rein pflanzliche Lebensmittel verwendet – und sonst gar nichts.

Um die Nährstoffversorgung bei einer streng vegetarischen Ernährung zu sichern, ist die optimale Kombination der pflanzlichen Lebensmittel unerläßlich.

Veganküche: Ungeahnte Köstlichkeiten machen Appetit

Mit Einfallsreichtum und Kreativität ist es jedoch möglich, die Geschenke der Natur sinnvoll und schmackhaft zu verwenden.
Im Rezeptteil finden Sie eine interessante Reise durchs Schlaraffenland der kerngesunden veganen Ernährung. Und Sie werden sehen: Es ist für jeden Geschmack etwas dabei. Kombinieren Sie Ihre Menüs nach Lust und Laune, vor allem auch für Gäste. Sie werden feststellen, daß selbst überzeugte Nicht-Veganer bei einem geschickt zusammengestellten Menü nichts vermissen werden.

Bei bestimmten Erkrankungen, wie z. B. Gicht oder Bluthochdruck, ist eine eiweißarme Ernährung empfehlenswert. Schwach wird man deswegen jedoch noch lange nicht.

Ernährungsformen aus anderen Kulturkreisen können uns gute Anregungen für unsere eigene Gesundheit geben.

Vegan – mehr als nur gesunde Ernährung

Von den Hindus lernen

Schon seit langer Zeit ernähren sich die unterschiedlichsten Religionsgemeinschaften und Bevölkerungsgruppen wie z. B. Hindus vegetarisch. Aber auch immer mehr Menschen aus anderen Kulturen verzichten zunehmend auf Fleisch, Fisch und tierische Fette: 1983 waren es weltweit rund eine Milliarde Menschen, in Deutschland etwa 0,6 Prozent der Bevölkerung zwischen 16 und 69 Jahren.

Die Beweggründe für eine vegetarische Lebensweise sind nicht nur religiöse oder wirtschaftlich-finanzielle, sondern vor allem gesundheitliche Aspekte und das Bedürfnis, etwas für die Umwelt und die Welternährungslage zu tun.

Weniger Herzerkrankungen, weniger Gicht, weniger Krebs

Vegetarier leben gesünder: Sie leiden seltener an Herzerkrankungen und Bluthochdruck als Nicht-Vegetarier; zudem sind ihre Cholesterinwerte niedriger!

Im Vordergrund steht die Gesundheit. Zahlreiche Studien zur ernährungsmedizinischen Beurteilung von Vegetarismus wurden durchgeführt.

So wurde gezeigt, daß Vegetarier und Veganer weniger als Mischköstler an koronaren Herzerkrankungen leiden.

Man hat festgestellt, daß bei Vegetariern die Konzentration an »bösem« Cholesterin, dem sogenannten LDL-Cholesterin, erniedrigt und die Konzentration an »gutem« Cholesterin, dem HDL-Cholesterin, erhöht ist.

Auch konnte gezeigt werden, daß pflanzliche Lebensmittel wie Gerste, Hafer, Weizen und Knoblauch, aber auch die in

asiatischen Ländern viel verwendete Ginsengwurzel die Cholesterinsynthese verhindern.
Auch liegen die Blutdruckwerte bei Nicht-Vegetariern höher als die bei Vegetariern; Bluthochdruck ist also seltener. Ebenso ist die Konzentration an Harnsäure im Blut niedriger. Und insgesamt heißt das: weniger koronare Herzerkrankungen.

Natürliche Vorsorge

Auch leiden – das beweist eine andere Studie, bei der Vegetarier und Nicht-Vegetarier in einem Fragebogen nach bestehenden Krankheiten gefragt wurden – viel weniger Vegetarier im Vergleich zu Nicht-Vegetariern an Krankheiten der Leber, Galle und Bauchspeicheldrüse oder an Krankheiten der Gelenke und an Gicht.
Sich gesund zu ernähren, wie die Vegetarier, bedeutet auch, stärker gegen Krebserkrankungen gefeit zu sein.
So verhindert ein hoher Verzehr von Gemüse, nach manchen Untersuchungen insbesondere von Kohlgemüse, das Auftreten von Dickdarmkrebs.
Für den Schutz vor Dickdarmkrebs soll vor allem der relativ hohe Gehalt an Ballaststoffen – und dabei insbesondere die nur im Dickdarm bakteriell abbaubaren Ballaststoffe wie Pektin oder die im Dünndarm nicht hydrolysierte Stärke – in der vegetarischen Kost verantwortlich sein. Für die Praxis heißt das vor allem: viel Früchte, Gemüse und stärkereiche Lebensmittel essen.
Andererseits nimmt das Risiko, an Dickdarmkrebs zu erkranken, mit der Höhe des aufgenommenen tierischen Eiweißes zu. Das hat dazu geführt, daß sowohl auf nationaler wie auf internationaler Ebene Ernährungsrichtlinien zur Krebsprophylaxe ausgesprochen und eine Kost ohne Fleisch und tierisches Fett empfohlen wurden.
All das bietet die vegetarische – und insbesondere die vegane – Ernährung.

Obst und Gemüse enthalten viele Ballaststoffe und andere wertvolle Inhaltsstoffe, die das Krebsrisiko senken!

Die vegane Kost – die reinste Form der vegetarischen Ernährung – ist, richtig zubereitet, besonders gesund und kann in hohem Maße zur Prävention von zahlreichen Krankheiten beitragen. Daß vegane Ernährung – auch ohne Fleisch, Fisch, Milch, Ei und Honig – richtig kombiniert eine vollwertige Ernährung ist und alle wichtigen Bestandteile der Nahrung – insbesondere genügend Eiweiß – liefert, wird in den nächsten Kapiteln ausführlich dargestellt.

Sich gesund zu ernähren, ist nur ein Aspekt für Veganer. Darüber hinaus ist eine bewußte Lebensweise Grundlage für das Wohlbefinden.

Wichtig: wenig Alkohol und Nikotin, viel Sport

Entscheidend für eine gesunde Lebensweise ist aber nicht nur eine gesunde Ernährung, sondern auch gesunde Lebensumstände.
Dazu gehören der weitgehende Verzicht auf Alkohol und Nikotin, den viele Vegetarier hierzulande, aber vor allem auch Religionsgemeinschaften wie die Hindus, praktizieren. So stehen 5,3 Prozent männliche Raucher unter den Vegetariern 21,1 Prozent männliche Raucher unter den Nicht-Vegetariern gegenüber.
Zu einer gesunden Lebensweise gehören aber auch eine häufige und kontinuierliche sportliche Betätigung und regelmäßige Entspannung durch entsprechende Atemübungen, Kneippen, Saunen oder Meditieren.
Natürlich spielt auch die Beschaffenheit der Lebensmittel eine Rolle für unser gesundheitliches Wohlbefinden. Denn schließlich bestimmt der natürliche Nährstoffgehalt, also Art und Menge von Vitaminen, Mineralstoffen und anderen wichtigen Inhaltsstoffen, den Wert eines Lebensmittels. Durch Überdüngung sind unsere Böden ausgelaugt, und die darauf wachsenden Pflanzen können uns nicht mehr mit den nötigen Mineralstoffen versorgen. Zudem werden nach wie vor Pestizide in hohen Mengen bei der Pflanzung eingesetzt. Wer sich also gesund ernähren möchte, sollte unbedingt Lebensmittel aus biologisch kontrolliertem Anbau kaufen.

»Liebe geht durch den Magen«

Wichtig ist auch die Einstellung, mit der wir kochen und das Essen einnehmen. »Liebe geht durch den Magen«, heißt es schließlich. Erinnern wir uns an ein Essen, das mit Liebe zubereitet und in heiterer, gelassener Atmosphäre zusammen mit lieben Menschen in Ruhe eingenommen wurde. Das können unvergeßliche Eindrücke sein oder aber einfach angenehme, ruhige Augenblicke, die entspannend und wohltuend wirken. Wir sollten uns solche Situationen sooft wie möglich gönnen.

Die Zeit, die wir für eine gute Ernährung einsetzen, ist bestimmt nicht vergeudet. Wenn wir uns zudem all die Stoffe, die wir zum Leben brauchen, regelmäßig und in der richtigen Menge zuführen und auf die krankmachenden verzichten, haben wir das denkbar Mögliche getan, um gesund zu bleiben. Niemandem würde es einfallen, ein Haus nur aus Wasser und Sand zu bauen oder lediglich Zement zu verwenden. Das gleiche gilt natürlich auch für unseren Körper.

Nicht nur, was wir essen, sondern auch, wie wir essen, zählt zu einer gesunden Ernährung.

Immer mehr Menschen legen Wert auf eine ausgewogene Ernährung und gesunde Produkte. 60 Prozent der Vegetarier kaufen fast ausschließlich in Bioläden und Reformhäusern ein.

Ohne Eiweißmoleküle wäre jegliche Art von Leben nicht möglich.

Eiweiß oder Protein ist der Nährstoff, der für den Aufbau von Zellsubstanz unerläßlich ist. Nur in »Notzeiten« wird der Energiegehalt von Protein vom Körper genutzt.

Was der Körper alles braucht

Eiweiß

Eiweiß ist neben Kohlenhydraten und Fett einer der Grundstoffe unserer Nahrung. 20 Prozent der Trockensubstanz jeder Zelle, ob pflanzlich, tierisch oder mikrobiell, bestehen aus Eiweiß. Daher wird Eiweiß auch als »Protein« bezeichnet (griech. proteios = der erste).

Funktion der Eiweiße (Proteine)

Die Proteine haben im Körper zahlreiche Aufgaben:

1 Sie bilden das Strukturgerüst der Zelle und bestimmen ihre Form.

2 Sie sind die Hauptbestandteile der Enzyme, der Moleküle, die den Zellstoffwechsel in Gang halten und steuern.

3 Sie fungieren als Hormone.

4 Sie spielen eine wichtige Rolle als Transportmoleküle, z. B. im Blutstrom sowie bei der Passage durch die Zellmembran oder die Darmwand.

5 Mit ihrem Wasserbindungsvermögen tragen sie zur Regulierung des lebenswichtigen Flüssigkeitshaushalts bei.

6 In Ausnahmefällen, z. B. bei Mangel an Kohlenhydraten oder in Hungersituationen, dienen sie als »Brennstoff« für den Energiestoffwechsel.

7 Sie helfen, den pH-Wert der Körperflüssigkeiten relativ konstant zu halten. Da alle (biochemischen) Reaktionen in unserem Körper in der Regel bei einem bestimmten pH-Wert optimal ablaufen, ist dies sehr wichtig.

Struktur der Eiweiße

Die Proteine sind Makromoleküle, d.h. sie bestehen aus zahlreichen Bausteinen, den einzelnen Aminosäuren.
Neben den Aminosäuren können andere Stoffe wie z.B. Zuckermoleküle in die Eiweißkörper eingebaut sein. Man spricht dann von Proteiden.

Essentielle Aminosäuren

In unserem Darm werden die Eiweiße aus der Nahrung beispielsweise unter dem Einfluß verschiedener Enzyme in die einzelnen Aminosäuren zerlegt.
Von den 20 Aminosäuren, die für den Aufbau der Körperproteine zur Verfügung stehen, können acht nicht vom menschlichen Körper aus anderen Substanzen aufgebaut werden. Diese Aminosäuren bezeichnet man daher als essentiell. Sie müssen mit der Nahrung aufgenommen werden. Fehlt nur eine dieser essentiellen Aminosäuren, so können die körpereigenen Eiweiße nicht aufgebaut werden. Geschieht das über einen längeren Zeitraum, treten Mangelerscheinungen mit Stoffwechselstörungen auf.

Eiweiß setzt sich aus verschiedenen Aminosäuren zusammen. Sein Wert wird dadurch bestimmt, wie viele essentielle Aminosäuren enthalten sind.

Das kann zu folgenden Beschwerden führen:
- Stoffwechselstörungen durch Enzymmangel
- Regulationsstörungen in Folge von Hormonmangel
- Resorptionsstörungen durch Mangel an Transportmolekülen
- Ödemen durch Flüssigkeitsübertritt ins Gewebe infolge mangelnder Wasserbindung durch Bluteiweiße
- pH-Wert-Verschiebungen durch Übersäuerung.

Folge sind je nach Ausmaß der Störung und individueller Konstitution leichte gesundheitliche Störungen bis hin zu schweren Erkrankungen.

Komplette und inkomplette Proteine

Proteine aus tierischer Herkunft enthalten das gesamte Spektrum der essentiellen Aminosäuren, die sogenannten kompletten Proteine, während im Pflanzenreich kein Organismus existiert, der alle essentiellen Aminosäuren bietet. Man nennt pflanzliche Eiweiße deshalb auch inkomplette Proteine.

Durch geschicktes Kombinieren verschiedener Eiweiße erhält man ein für den Körper optimales Eiweiß. Gutes Beispiel ist die Kombination von Hülsenfrüchten mit Getreide.

Eiweiß in der Veganküche

Durch geschickte Kombination verschiedener pflanzlicher Nahrungsmittel kann das Spektrum der Aminosäuren komplettiert werden. Damit wird der Körper dann mit allen essentiellen Proteinen versorgt.
Voraussetzung für diesen wichtigen Vorgang ist jedoch, daß die entsprechenden Nahrungsmittel aus der Veganküche innerhalb von drei Stunden zusammenkommen, ansonsten werden die aufgenommenen Aminosäuren abgebaut und ausgeschieden.

Kombinationen aus folgenden Vegannahrungsmitteln enthalten alle essentiellen Aminosäuren:
- Hülsenfrüchte (Leguminosen) mit Reis, Weizen, Roggen
- Mais/Maisprodukte mit Soja/Sojaprodukten (Tofu)
- Weizen mit Erdnüssen oder Hefeflocken
- Hafer mit Erdnüssen

Um Mangelerscheinungen zu vermeiden, ist es nicht nötig, zu jeder Mahlzeit z. B. Hülsenfrüchte zusammen mit Reis zu essen. In Zeiten, in denen zusätzlich neue Zellen aufgebaut werden, z. B. in Schwangerschaft, Stillzeit, Wachstum und Rekonvaleszenz, ist es jedoch zu empfehlen, die genannten Nahrungsmittel jeweils kombiniert zu sich zu nehmen.

Fette

Zu Fetten zählen sowohl tierische wie auch pflanzliche Fette. Biochemisch gesehen besteht jedes Fett immer aus einem Molekül Glyzerin und drei Fettsäuren, die, je nach chemischen Bindungsverhältnissen, gesättigt, einfach oder mehrfach ungesättigt sein können. Zu letzteren gehören die essentiellen Fettsäuren, die lebensnotwendig sind, aber nur über die Nahrung aufgenommen werden können.

Die Bedeutung der Fette für die Ernährung beruht in erster Linie auf ihrem hohen Brennwert – immerhin liefert ein Gramm Fett etwa neun Kalorien –, auf ihrem Gehalt an essentiellen Gamma-Fettsäuren sowie auf fettlöslichen Vitaminen (F, A ,D, E, K). Zu den tierischen Fetten gehören Butter, Schmalz und Talg, zu den pflanzlichen Margarine, das aus verschiedenen Samen gewonnene Speiseöl sowie das Olivenöl, das aus dem Fruchtfleisch der Olive stammt.

Der Wert eines Fettes wird durch seinen Gehalt an (mehrfach) ungesättigten Fettsäuren bestimmt. Pflanzliche Fette sind besonders wertvoll.

Lebensmitteltechnisch gesehen sind die Fette (=Lipide) durch eine Reihe spezifischer Eigenschaften unentbehrlich für die Herstellung und Zubereitung von Lebensmitteln. Hervorzuheben sind der Duft, das Schmelzverhalten, der angenehme sahnige Geschmack und das Lösungsvermögen für jene Geschmacksstoffe, die fettlöslich sind. Zu den Fetten und fettähnlichen Substanzen gehören auch wichtige Aromastoffe, Emulgatoren und fettlösliche Farbstoffe.

Fette in der Veganküche

Für Veganer gilt es, unter Verwendung rein pflanzlicher Fette ihren Bedarf an essentiellen Fettsäuren sowie wichtigen fettlöslichen Stoffen, wie z. B. den fettlöslichen Vitaminen, zu sichern. Am wichtigsten ist die Aufnahme von essentiellen Fettsäuren mit der Nahrung. Sie sind in Distel-, Sonnenblumen-, Soja-, Maiskeim- und Kürbiskernöl enthalten und damit durch die Veganküche durchaus abgedeckt.

Kohlenhydrate

Zu den Kohlenhydraten zählen sowohl die komplexen Kohlenhydrate, die Polysaccharide wie etwa die Stärke, als auch verschiedene Zucker, die Mono- und Disaccharide, wie Fruktose und Glukose.
Kohlenhydrate gehören zu den Grundpfeilern der Ernährung mit einem hohen Sättigungs- und Nährwert.

Die große Gruppe der Kohlenhydrate umfaßt die unverdaulichen Ballaststoffe sowie verdauliche Einfach-, Zweifach- und Mehrfachzucker. Besonders wertvoll sind die Ballaststoffe und Mehrfachzucker, die langsam im Körper abgebaut werden.

Ballaststoffe

Ballaststoffe sind ebenfalls Kohlenhydrate, die jedoch für den menschlichen Organismus unverdaulich sind. Zu ihnen zählen u. a. die Zellulose, die Hemizellulose, Pektine und Lignin. Für eine vollwertige Ernährung sind sie unerläßlich. Sie regen die Darmperistaltik an, was die Verdauung fördert, und beschleunigen die Darmpassage. Außerdem benötigt ein Teil unserer Darmflora die Ballaststoffe als Nahrung. Die Zellulose wird von den Darmbakterien aufgeschlossen; so können die darin gebundenen Mineralien wie z. B. Kalzium, Magnesium, Natrium, Kieselsäure oder Zink vom menschlichen Organismus verwertet werden.

Kohlenhydrate in der Veganküche

Die Veganküche ist reich an Kohlenhydraten; auch viele Ballaststoffe kommen vor. So enthalten Kartoffeln, Getreide und Hülsenfrüchte reichlich Stärke. Zellulose, Pektin und Lignin sind als Strukturbildner Bestandteil von Hülsenfrüchten, Obst, insbesondere Beerenobst, und Gemüse. Auch mit Vollkornprodukten nehmen wir genügend Ballaststoffe auf.
Es wird empfohlen, mit der Nahrung täglich 55 bis 60 Prozent der Energie durch Kohlenhydrate aufzunehmen. Die Menge an Ballaststoffen sollte täglich 35 Gramm betragen. Durch die Veganküche ist dies gewährleistet.

Die Kartoffel enthält im wesentlichen Kalium und Vitamin C. Bereits 200 Gramm liefern uns den Tagesbedarf dieser Biostoffe.

Vitamine

Vitamine sind wichtige Lebensmittelinhaltsstoffe, die dem Körper in ausreichender Menge zugeführt werden müssen. Nur einige Vitamine werden von einer gesunden Darmflora selbst erzeugt, der überwiegende Teil muß mit der Nahrung aufgenommen werden. Wie der Name sagt (Vita = Leben), sind sie lebensnotwendig für das Wachstum und die Aufrechterhaltung bestimmter Körperfunktionen.
Die Vitamine werden in zwei Gruppen, die fettlöslichen und die wasserlöslichen Vitamine, eingeteilt.
Fettlösliche Vitamine sind: F, A, D, E und K. Wasserlösliche Vitamine sind: B1, B2, B6, B12, Niazin, Folsäure, Pantothensäure, Biotin und Vitamin C. Die Vitamine der B-Gruppe werden auch unter dem Begriff »Vitamin-B-Komplex« zusammengefaßt.
Die einzelnen Vitamine werden bei verschiedenen Stoffwechselreaktionen im Körper benötigt. Dazu reichen geringe Gewichtsmengen von Millionstel bzw. Tausendstel Gramm

Vitamine sind für den reibungslosen Ablauf aller biochemischen Reaktionen in unserem Körper unerläßlich. Wer sich vitaminreich ernährt, verfügt in der Regel über ein starkes Immunsystem und fühlt sich wohl.

pro Tag aus. Allerdings müssen sie dem Körper regelmäßig zugeführt werden, denn die meisten Vitamine können im Körper nicht oder nur unzureichend gebildet und gespeichert werden.
Einen relativ großen »Vorrat« legt der Organismus nur bei fettlöslichen Vitaminen sowie beim wasserlöslichen Vitamin B12 an. Die Speicher für alle anderen wasserlöslichen Vitamine sind so klein, daß sie den Bedarf nur für kurze Zeit (Tage bis wenige Wochen) decken können.

Versorgung mit den lebensnotwendigen Vitaminen in der Veganküche

Da in der Vegankost keinerlei tierische Produkte vorhanden sind, müssen alle Vitamine mit den pflanzlichen Nahrungsmitteln aufgenommen werden. Der Anteil von Obst, Gemüse, Nüssen und Vollkornprodukten in der Veganküche ist entsprechend hoch. Dadurch werden automatisch mehr Vitamine und Mineralien zugeführt als bei anderen Ernährungsformen.
Wichtig ist der Genuß von viel rohem, möglichst erntefrischem Gemüse und Obst, weil z. B. beim Kochen und durch Lagerung wertvolle Nährstoffe zerstört werden.

Der Körper gewöhnt sich an das überdosierte Vitamin (z. B. Vitamin C). Wird es wieder in geringerer Menge zugeführt, kommt es zu einer Mangelerscheinung, auch wenn diese Menge normalerweise bedarfsdeckend wäre.

Überdosierungen vermeiden

»Viel hilft viel« hat auch bei den Vitaminen eine Kehrseite. Zum Glück ist die Vegankost so angelegt, daß eine Überdosierung verhindert wird.
Dies ist vor allem deshalb von Bedeutung, weil einige fettlösliche Vitamine bei übermäßig hoher Aufnahme toxisch wirken. Die wasserlöslichen Vitamine werden zwar mit dem Urin wieder ausgeschieden, aber das bedeutet für die Nieren Mehrarbeit; außerdem kann es zu einem Gewöhnungseffekt kommen.

Schwachstellen der Vitaminversorgung in der Veganküche

Ein kritischer Punkt in der Vitaminversorgung der Veganer ist lediglich das Vitamin B12, das fast nur in tierischen Produkten zu finden ist.

Das tierische Vitamin B12

Vitamin B12 kommt in keiner Pflanze vor. Trotzdem hat die Natur vorgesorgt, um auch bei reiner Pflanzennahrung einen Mangel zu verhindern. Dabei helfen uns Mikroorganismen, die in Verbindung mit Pflanzen Spuren von Vitamin B12 erzeugen. Diese entstehen z. B. bei der Milchsäuregärung und bei verschiedenen Fermentationsprozessen. Bei den Hülsenfrüchten werden durch eine Symbiose zwischen Pflanze und Mikroorganismus ebenfalls Spuren des wichtigen Vitamins B12 erzeugt. Werden dem Organismus diese Spuren mit der Nahrung angeboten, ist der Körper in der Lage, das Vitamin selbst zu bilden.
Spuren von Vitamin B12 sind enthalten in:

- Allen milchsauren Gemüsesorten wie Sauerkraut und Mixpickles (Reformhaus)
- Fermentierten Sojaprodukten wie Miso, Tamari, Shoju, und Tempeh.

Um einem Mangel an Vitamin B12 vorzubeugen, ist es dringend zu empfehlen, sooft wie möglich diese Nahrungsmittel zu sich zu nehmen. Zu beachten ist, daß besonders Vitamin B12 sehr hitzeempfindlich ist. So sollten die obengenannten Lebensmittel möglichst unerhitzt gegessen werden. Algen oder Sauerkraut sollten schonend bei möglichst schwacher Hitze gegart werden.
Darüber hinaus wird die Aufnahme von Vitamin B12 verbessert, wenn genügend Folsäure vorhanden ist.

Obwohl Vitamin B12 fast nur in tierischen Nahrungsmitteln vorkommt, besteht kein Grund zur Panik, denn veganernährte Völkerstämme überleben nicht nur, sondern sind in ihrem Gesundheitszustand den Mischköstlern weit überlegen. Wichtig ist, die Zusammenhänge klar zu erkennen und geeignete Maßnahmen zu treffen.

Hilfen bei Resorptionsstörungen

Wer braucht besonders viel Vitamin B12? Bei einem erkrankten Darm, z. B. durch Antibiotikatherapien, Fäulnisprozessen, Parasiten oder allgemeinen Verdauungsstörungen sowie irreparablen Darmerkrankungen und bei erhöhtem Bedarf in der Schwangerschaft, Stillzeit und in der ersten Wachstumsphase, sollte unter ärztlicher Kontrolle Vitamin B12 zugesetzt werden.

Voraussetzung für die Erzeugung von Vitamin B12 ist ein gesunder Darm. Ein krankes Klima im Darm bewirkt, daß die Aufnahme zugeführter Nährstoffe unzureichend wird. Es ist deshalb empfehlenswert, für einen gesunden, funktionierenden Darm zu sorgen.

Zu vermeiden sind:
- Ein zu hoher Anteil raffinierter Kohlenhydrate (Zucker, Auszugsmehle)
- Die gleichzeitige Aufnahme von Zucker und Getreide
- Größere Mengen an konzentriertem Eiweiß

Zu empfehlen sind:
- Ballaststoffreiche Nahrungsmittel, wie Vollkornprodukte, Hülsenfrüchte, Gemüse, Obst und Nüsse
- Genügend Flüssigkeit
- Sparsamer Umgang mit Genußmitteln wie Kaffee, Nikotin, Schwarztee, Alkohol.

Eine schnellere Darmpassage und die Entlastung angegriffener Darmschleimhaut kann durch Einnahme von Leinsamenabkochungen erzielt werden. Sie sollte jedoch keine Dauerbehandlung werden. In manchen Fällen ist eine Heilfastenkur hilfreich; diese sollte allerdings unter ärztlicher Aufsicht durchgeführt werden. Bei Darmstörungen größeren Ausmaßes können eine Symbioselenkung oder ander Darmsanierungsmaßnahmen angezeigt sein.

Mineralstoffe

Mineralstoffe haben sehr vielfältige Funktionen im menschlichen Organismus, z. B. als Elektrolyte, als Bestandteile von Enzymen und als Bausteine bestimmter Körpersubstanzen.

Sie müssen ausnahmslos mit der Nahrung zugeführt werden. Die Mineralstoffe sind im Körper für den Stoffwechsel von großer Bedeutung. In der Küche tragen sie als Bestandteile von Lebensmitteln zum Geschmack bei (Kochsalz), fördern und bremsen biochemische Reaktionen und beeinflussen die Konsistenz der Nahrung.
Entsprechend der Mineralstoffkonzentration im Körper und der benötigten Menge unterscheidet man zwischen Mengen- und Spurenelementen.

- Die Mengenelemente sind: Kalzium, Phosphor, Kalium, Chlor, Natrium, Magnesium.
Sie kommen im Körper in hohen Konzentrationen vor und werden täglich in Grammengen benötigt.
- Die Spurenelemente sind: Eisen, Jod, Fluor, Mangan, Kupfer, Zink, Kobalt, Chrom, Selen, Molybdän und Vanadium. Sie treten nur in relativ geringen Konzentrationen im Körper auf, deshalb sind nur Millionstel bis Tausendstel Grammengen pro Tag nötig.

Die Mineralstoffe kommen im Körper vor:
1. als Bestandteile von Körperstrukturen (Knochen, Zähne, Haare, Nägel),
2. als Bestandteile der Körperflüssigkeiten.

Die Aufgaben der Mineralstoffe im Körper sind vielfältig. Sie dienen als »Baumaterial« der Knochen, Knorpelsubstanz und Zähne, spielen eine wichtige Rolle bei der Reizübertragung in Nerven- und Muskelzellen und aktivieren zahlreiche Stoffwechselreaktionen. Sowohl Mengen- wie auch Spurenelemente sind für spezielle physiologische Funktionen verantwortlich und deshalb lebensnotwendig.

Versorgung mit den lebensnotwendigen Mineralstoffen in der Veganküche

Der Verzehr von viel frischem Obst, rohem Gemüse, Nüssen, gekeimtem Getreide, Vollkornprodukten und Hülsenfrüchten ist die beste Möglichkeit, dem Körper die erforderlichen Mineralstoffe zuzuführen.

Grünkohl ist ein klassisches Wintergemüse mit der dreifachen Tagesdosis an Vitamin C. Auch die Mineralstoffe Kalzium, Kalium und Mangan sind in hohem Anteil zu finden. Und an Vitaminen sind noch Beta-Karotin und Folsäure überdurchschnittlich vorhanden.

Sehr wichtig ist die Herkunft der Nahrungsmittel. Sie sollten unbedingt frisch sein und aus kontrolliert biologischem Anbau (Bodenbeschaffenheit) stammen.
Kochsud und Einweichwasser von Kartoffeln, Hülsenfrüchten und Getreide sollten unbedingt mitverwendet werden, weil ein Teil der wertvollen Mineralien in den Kochsud übergetreten ist.

Schwachstellen der Mineralstoffversorgung in der Veganküche: Die Versorgung mit den Mineralstoffen Kalzium und Eisen sowie den Spurenelementen Jod und Zink ist nur durch geschickte Kostzusammenstellung ausreichend gesichert.

Kalzium

Der Tagesbedarf liegt bei durchschnittlich 800 Milligramm. Schwangere und stillende Frauen, Säuglinge und Kleinkinder sowie Frauen in der Menopause haben einen erhöhten Kalziumbedarf, er liegt etwa für stillende Frauen bei 1300 Milligramm. Vermehrt wird Kalzium auch benötigt beim Verdauen von zuckerhaltigen Nahrungsmitteln. Im Zuckerstoffwechsel entstehen nämlich Säuren, die durch Kalzium gebunden werden. Wird nicht genügend Kalzium mitgeliefert, muß es von der vorhandenen Substanz abgebaut wer-

den. Süßes ist somit der Kalziumräuber Nummer eins. Zucker im natürlichen Verbund, z. B. als Zuckerrohr, Melasse, Ahornsirup, Reismalz oder Gerstenmalz, liefert das benötigte Kalzium mit.
Bei überwiegender Ernährung mit Getreide könnte ebenfalls ein Kalziummangel auftreten. Ursache ist die in den Randschichten von Getreidekörnern befindliche Phytinsäure. Sie bindet ebenfalls Kalzium.

Veganer müssen auf kalziumreiche pflanzliche Lebensmittel achten: Bevorzugen Sie Hafer, Gerste und Weizen gegenüber Roggen. Denn Roggen enthält vergleichsweise viel Phytinsäure, die wertvolles Kalzium bindet und unbrauchbar macht.

Kalziumhaltige Nahrungsmittel in der Veganküche

Während bei der ovo-lakto-vegetabilen und lakto-vegetabilen Kost vor allem die Milch und Milchprodukte das nötige Kalzium liefern, muß bei rein veganer Ernährung das Kalzium vollständig aus den pflanzlichen Nahrungsmitteln bezogen werden.
Damit es nicht zum Kalziummangel kommt, ist eine ausgewogene Ernährung unerläßlich. Gute Kalziumlieferanten in der Veganküche sind:

- Samen und Nüsse, besonders Mohn und Sesam
- Sojaprodukte und dabei hauptsächlich Sojamehl
- Gemüse, vor allem Grünkohl, Brokkoli und Mangold
- Kräuter und dabei vor allem Kerbel und Petersilienblatt
- Getreide, insbesondere Hafer und Roggen

Warum benötigen bewußt ernährte Veganer weniger Kalzium?

Andererseits hilft die vegane Kost auch, Kalzium zu sparen, nämlich durch:

- Geringe Eiweißaufnahme
- Dadurch verringerte Phosphatzufuhr
- Verzicht auf Phosphate, die vor allem in Konservierungsstoffen enthalten sind

Mit dem Verzehr von hohen Eiweißmengen in Form von Fleisch, Fisch, Käse und Nüssen nehmen Mischköstler gleichzeitig große Mengen an Phosphor auf, und zwar bis zu 1900 Milligramm pro Tag (Die empfohlene tägliche Menge liegt bei ungefähr 800 Milligramm).
Das überschüssige Phosphat wird dann als Kalziumphosphat über die Nieren ausgeschieden. Bei diesem Vorgang wird dem Körper Kalzium entzogen, die Phosphate daran gebunden und abtransportiert. Ebenso werden mit konservierter Nahrung weitere Phosphatmengen aufgenommen. Es ist also darauf zu achten, Nahrungsmittel zu verwenden, deren Eiweißgehalt hoch ist bei gleichzeitig möglichst geringem Phosphatanteil.

Mischköstler nehmen große Mengen an Phosphor zu sich. Veganer dagegen verzehren mit den pflanzlichen Nahrungsmitteln nicht so viel Phosphor und brauchen demzufolge auch nicht so hohe Konzentrationen an Kalzium.

Vegane Kalziumlieferanten mit geringem Phosphoranteil

Vegane Nahrungsmittel, bei denen das Verhältnis zwischen Eiweiß und Phosphor am günstigsten ist, sind Gemüse, Kräuter, Nüsse und Samen. Getreide und Hülsenfrüchte sollten nur einen Teil des Kalziumbedarfs abdecken. Sie enthalten zwar nicht das Dreifache an Phosphor wie Fleisch und Fleischprodukte, liefern aber immer noch einen erheblichen Anteil.

Wann sollten Veganer Kalzium zusetzen?

Kalzium sollte zugesetzt werden:

- Wenn erhöhter Kalziumbedarf besteht, wie bei schwangeren und stillenden Frauen, Frauen in der Menopause sowie Kindern und Säuglingen
- Wenn frisches Blattgemüse und frische Kräuter nicht ausreichend zur Verfügung stehen
- Wenn bei Darmstörungen die Aufnahme der zugeführten Nährstoffe nicht gewährleistet ist

- Wenn Medikamente eingenommen werden, die Kalzium verbrauchen
- Wenn phosphathaltige oder zuckerhaltige Nahrung bevorzugt wird

Eisen

Der Tagesbedarf für Frauen liegt bei 18 Milligramm, für Männer bei 12 Milligramm. In der üblichen westeuropäischen Kost wird dieser Eisenbedarf vorwiegend durch Kalb-, Schweine- (2 Milligramm/ 100 Gramm) und Rindfleisch (2,5 Milligramm/100 Gramm) sowie durch Leber (4–6 Milligramm/100 Gramm) gedeckt. Auch pflanzliche Lebensmittel wie Haferflocken, Vollkornbrot, Sojamehl und Nüsse (3–4 Milligramm/100 Gramm) enthalten hohe Konzentrationen an Eisen.
Resorptionsfördernd auf die Eisenaufnahme im Darm wirkt sich die gleichzeitige Aufnahme von Vitamin C aus.
Auch antwortet der Körper von Vegetariern in einer Art Gegenmechanismus auf die geringe Eisenzufuhr mit einer erhöhten Aufnahme von Eisen aus pflanzlichen Produkten.

Das Eisen aus pflanzlichen Lebensmitteln wird vom Körper schwerer aufgenommen als dasjenige aus tierischen Produkten. Deshalb: Immer Vitamin-C-haltiges Gemüse und Obst mit eisenreichem Getreide essen! Das fördert die Eisenaufnahme.

Eisenhaltige Nahrungsmittel in der Veganküche

Zahlreiche vegane Nahrungsmittel enthalten besonders viel Eisen:

- Kerne und Samen, besonders Kürbiskerne, Sesam, Mohn
- Schalenfrüchte wie Maronen, Mandeln, Pistazien, Walnuß, Paranuß
- Hülsenfrüchte, wobei bereits 100 Gramm getrocknete Flügel-, Goa- oder Prinzeßbohnen den Tagesbedarf decken; Linsen, Erbsen, Bohnen, Sojabohnen, Kichererbsen
- Spinat, auch als Salat

Eisen hilft bei der Bildung roter Blutkörperchen, ist als wichtig für die Sauerstoffversorgung des Gewebes. Neuere Studien zeigen, daß Menschen, die sich vegetarisch ernähren, nicht unter Eisenmangel leiden, wie lange Zeit angenommen wurde.

- Wurzelgemüse, vor allem Schwarzwurzeln, rote Bete, Möhren, Fenchel
- Grünes Blattgemüse, insbesondere Mangold
- Frische Kräuter, besonders Kresse, Kerbel und Petersilie, Löwenzahn, Koriander
- Kohl, hauptsächlich Sauerkraut und milchsaures Gemüse
- Sojamehl
- Pilze
- Vollkornprodukte

Diese natürlichen Nahrungsmittel sind immer künstlichen Gaben von Eisen vorzuziehen. Sollten diese jedoch bei gewissen Krankheiten nötig sein, ist es ratsam, natürliches Vitamin C zuzufügen.

Natürliche Nahrungsergänzung bei erhöhtem Eisenbedarf

Frisch gepreßte Gemüsesäfte, denen jeweils ein Teelöffel Zitronensaft zugesetzt wird, z. B. Saft aus:

- Tomaten, Sellerie und Petersilie
- Sauerkraut mit Kerbel
- Rote Bete, Möhren und Petersilie
- Spinat, Löwenzahn- und Korianderblättern

Frisch gepreßte Obstsäfte, wie z. B. Orangen- oder Zitronensaft, können ebenso den Eisenbedarf ergänzen und liefern gleichzeitig wertvolles Vitamin C. Auch exotische Früchte können gute Eisenlieferanten sein:

- Johannisbrot, kernfrei
- Rambutan- und Passionsfrucht sowie Tamarinde

Jod

Die empfohlene Tageszufuhr für Jod liegt für Erwachsene bei 200 Milligramm. Diese Menge wird bei uns durchschnittlich höchstens zur Hälfte erreicht. Für Veganer ist es besonders schwierig, ausreichend Jod aufzunehmen, da sie weder Seefisch noch Milch und Milchprodukte, die Hauptjodquellen, verzehren. Für sie gibt es jedoch ein Zauberwort: Algen. Wer diese in seinen Ernährungsplan einbaut, muß sich vor einem Jodmangel nicht fürchten. Wem das nicht schmeckt, der kann nach dem Kochvorgang Meersalz mit Algenzusatz aus dem Bioladen oder Reformhaus verwenden. Doch gilt: Algen nicht im Übermaß verzehren, da sie sehr hohe Konzentrationen an Jod enthalten, die ab bestimmten Dosen toxisch wirken können.

In Gemüse, Hülsenfrüchten und Getreide ist Jod kaum zu finden. Ein übermäßiger und einseitiger Verzehr von Kohl (insbesondere Wirsing, Blumenkohl und Weißkohl) kann den Bedarf dieses Spurenelements sogar erhöhen.

Eine andere Möglichkeit ist die Verwendung von jodiertem Speisesalz. Hierüber gibt es geteilte Meinungen; jedenfalls sollte es nicht unüberlegt zum Einsatz kommen. Etwa fünf Gramm täglich decken die empfohlene Tageszufuhr an Jod ab. Jodiertes Speisesalz sollte aber nicht der alleinige Jodlieferant sein; es darf nicht unnötig gesalzen werden.

Jodmangel und Kropfbildung: Warum Jod so wichtig für die Ernährung ist

Menschen, die im Gebirge leben, hatten noch vor einer Generation häufig unter einer Schildrüsenvergrößerung, dem Kropf, zu leiden. Der Grund dafür war, daß sich die Bevölkerung ausschließlich mit Nahrungsmitteln aus der Region versorgte. Regen und Gletscherwasser spülten wertvolle Spurenelemente in die Flüsse und ins Meer. Die Pflanzen wuchsen auf den ausgelaugten Böden, und die Unterversorgung mit dem Spurenelement Jod war vorprogrammiert. Es war also der Jodmangel, der zum Kropf führte, denn Jod wird für die Bildung und Aktivierung der Vorstufen des Schilddrüsenhormons Thyroxin benötigt. Ein Mangel führt zu einer Störung der Schilddrüsenfunktion, sichtbar an einer Vergrößerung der Schilddrüse.
Doch seitdem die Menschen sich überwiegend oder zumindest teilweise mit Nahrungsmitteln aus anderen Regionen

verpflegen, ist die Kropfbildung auch bei der Bevölkerung in den Alpen deutlich zurückgegangen.

Wer sollte künstliches Jod zusetzen?
- Schilddrüsenkranke nach ärztlichem Rat
- Veganer, die keine oder zuwenig Algen zu sich nehmen
- Schwangere und stillende Frauen nach ärztlichem Rat

Das Spurenelement Zink ist im Rahmen der Veganernährung besonders zu beachten: Es ist vor allem im Vollkorn, besser noch im gekeimten Korn, zu finden. Zudem empfiehlt es sich, Frischkornmüsli zu essen, denn Zink wird durch Hitze zerstört!

Zink

Der Tagesbedarf liegt zwischen 10 bis 15 Milligramm. Da der Zinkbedarf bei Mischköstlern weitgehend mit tierischen Produkten gedeckt wird, ist es besonders wichtig, jene Nahrungsmittel zu kennen, die den Veganern zur Verfügung stehen. Die gleiche Situation wie bei Jod gilt auch bei Zink. Der Zinkgehalt unserer Böden ist zu gering, um die Pflanzen ausreichend mit diesem Mineral zu versorgen. Herkömmliche Mineralstofftabellen geben üblicherweise lediglich Vollkornprodukte als pflanzliche Zinklieferanten an. Nur eine geschickte Kostzusammenstellung der veganen Ernährung kann daher den Tagesbedarf an Zink decken.

Zinkhaltige Nahrungsmittel in der Veganküche

Je 100 Gramm enthalten Zink in folgenden Mengen:
- Gekeimter Roggen: 20 mg (Roggenkorn: lediglich 1300 µg)
- Gekeimter Weizen und Weizenkeime: 12–13 mg
- Mohn: 10 mg
- Linsen: 5 mg
- Sojamehl: 5 mg
- Weizen: 4 mg
- Mandeln: 2 mg
- Sojabohnen: 1 mg

Mikrogrammengen finden sich in Hülsenfrüchten, davon am meisten in getrockneten Bohnen und Erbsen sowie in Mais, Vollreis und Hirse.

Gemüse bietet uns ebenfalls Spuren von Zink, wobei Brokkoli, Rosenkohl und Zwiebeln zu nennen wären. Auch Pilze liefern mit 5 bis 700 Mikrogramm noch genug Zink.

Wer sollte besonders auf seinen Zinkhaushalt achten?

Vor allem Sportler, Diabetiker, Patienten mit Leberstörungen sowie schwangere und stillende Frauen sollten auf eine ausreichende Zinkzufuhr achten. Eine künstliche Zinkzufuhr sollte aber immer unter ärztlicher Aufsicht erfolgen!

Nutzen Sie Zink aus den pflanzlichen Lebensmitteln optimal, indem Sie immer Zinkreiches mit Beta-Karotinreichem kombinieren. Beta-Karotin fördert nämlich die Resorption von Zink. Ebenso unterstützen Kalzium und Phosphor die Zinkaufnahme.

Zinkreiche pflanzliche Lebensmittel immer mit Beta-Karotinhaltigem kombinieren, z. B. Getreidekeimlinge mit Aprikosen oder Getreidebratlinge mit Brokkoli.

Zink findet sich hauptsächlich in Getreide, Körnern, Bohnen und Samen. Zink ist wichtig für das Immunsystem, für den Hormonhaushalt und zur Aktivierung von Enzymen, Kohlenhydraten und Eiweißen.

Mittlerweile sind auch auf deutschen Märkten sehr viele exotische Früchte und Gemüsearten zu finden. Für Abwechslung auf dem Speiseplan ist also gesorgt.

Ernähren wir uns von Obst, Gemüse, Getreide und Hülsenfrüchten, haben wir uns mit allen lebensnotwendigen Bausteinen versorgt.

Vegankรผche

Tips und Wissenswertes rund um die Veganernährung

Ein wesentlicher Vorzug der Veganernährung ist die Vielfältigkeit der Nahrungsmittel. Sie ist die reinste Form der vegetarischen Lebensweise. Und das im doppelten Sinne. Veganer schützen das Leben der Tiere, indem sie nur pflanzliche Nahrung zu sich nehmen.
Damit die Veganernährung auch alles halten kann, was sie verspricht, sollten folgende Empfehlungen beachtet werden: Um die lebensnotwendigen Vitamine zu bekommen, ist es wichtig, Obst und Gemüse so frisch wie möglich zu verbrauchen. Nicht weniger wichtig ist es, biologisch wertvolles Gemüse und Obst zu kaufen. Wird Obst und Gemüse gelagert, sollte das grundsätzlich atmungsaktiv verpackt und bei frostfreier, aber kühler Temperatur geschehen. Kartoffeln, Tomaten, Bananen und Avocados gehören jedoch nicht in den Kühlschrank!

Den Reichtum der Natur nutzen

Die Natur bietet uns einen sehr großen Reichtum an Obst- und Gemüsesorten an. Einen Teil sollten wir als Salat- und Rohkost zu uns nehmen. Es gibt eine hilfreiche Faustregel, täglich mindestens zwei über der Erde und zwei unter der Erde wachsende Gemüse zu essen. Das macht viel mehr Spaß als das Blattsalateinerlei, und die Abwechslung stellt sicher, daß wir den Körper mit allen wichtigen Nährstoffen versorgen.

Echte Vitamin- und Mineralstoffbomben sind Sprossen und Gekeimtes. Selbst gezogen, verlieren sie weder durch Transport noch Hitze ihre Kraft. Wem keine erntefrischen Nahrungsmittel zur Verfügung stehen, sollte auf alle Fälle diese Möglichkeit der Vitaminzufuhr nutzen.
Mit dem eigenen Kräutergarten auf dem Balkon oder am Fenster steht uns eine weitere Möglichkeit offen, das ganze Jahr über unseren Bedarf an Vitaminen, Mineralien und Spurenelementen zu decken.
Getreide ist eine weitere Grundlage der Veganernährung, und es ist auch hier zu empfehlen, biologische Produkte zu kaufen. Stellen Sie sicher, daß Sie nur sehr sorgfältig gereinigtes Getreide verwenden. Vorzuziehen ist der Verzehr von gekeimten, ganzen oder frisch vermahlenen Körnern, möglichst schonend gegart.
Hülsenfrüchte sind von jeher ein Hauptbestandteil der Ernährung des Menschen. Hierzulande werden sie heute leider zuwenig beachtet. Dabei sind sie vielseitig, köstlich im Geschmack und einfach zuzubereiten. Sie versorgen uns mit dem nötigem Eiweiß, sind reich an Eisen, Kalzium und vielen B-Vitaminen. Daß sie so gut wie kein Fett enthalten, aber viele Ballaststoffe, macht sie noch sympathischer.

Einige veganische Grundnahrungsmittel können Sie leicht selbst herstellen. So bestimmen Sie jeden einzelnen Inhaltsstoff und können sicher sein, daß keine tierischen Bestandteile enthalten sind.

Vegane Köstlichkeiten selbstgemacht

Im Rezeptteil werden Sie noch weitere selbstgemachte vegane Grundnahrungsmittel finden.

Essig

Geschälte und entkernte unbehandelte Äpfel in ein Glas oder in einen Steinguttopf geben, mit Wasser begießen und nicht luftdicht abdecken. Nach sieben bis zehn Tagen bildet sich an der Oberfläche eine dünne, runzelige, weiße Haut: die Essigmutter. Etwas davon in eine Flasche Apfelwein geben. Er wird in wenigen Tagen zu Essig. Die Apfelreste abseihen, das Wasser ist ebenfalls Essig geworden.

Gomasio

Den Boden einer Pfanne mit Sesam bedecken, unter Rühren goldbraun rösten, 1/4 TL Salz zufügen und kurz mixen. Die Sesamkörner sollten nicht zu fein gemahlen werden.

Knoblauchbutter

Ein bis zwei Knoblauchzehen durch die Knoblauchpresse drücken, mit etwas Salz und 250 g Margarine verrühren, in Alufolie zu einer Rolle formen und kühl stellen.

Kokosmilch I

Kokosmilch müssen Sie nicht aus der Nuß gewinnen. Das nebenstehende Rezept beweist, wie einfach Sie diese »alternativ« herstellen können.

Eine Kokosnuß öffnen, die Flüssigkeit auffangen. Das Fruchtfleisch fein raspeln, mit zwei Tassen kochendem Wasser übergießen, gut verrühren, mixen und durch ein Sieb drücken, um möglichst die gesamte Flüssigkeit herauszupressen.

Kokosmilch II

Zehn EL Kokosraspel in eine Schüssel geben. Zwei Tassen kochendes Wasser darübergießen und mindestens eine Stunde stehen lassen, pürieren, abseihen und fest ausdrücken, um möglichst viel Kokosnußaroma zu erhalten.

Kräuterbutter

Margarine mit gemischten, kleingehackten Kräutern und etwas Kräutersalz vermischen.

Milchsaures Gemüse

Gemüse wie Karotten, Blumenkohl, Bohnen, Sellerie, roh oder kurz angedünstet (Bohnen 15 Minuten kochen lassen!), schichtweise in Gläser füllen. Kräuter wie Dillsamen, Estragon, Liebstöckel und Zitronenmelisse zugeben, mit leicht gesalzenem, kochendem Wasser übergießen und rasch verschließen. Bei Zimmertemperatur zwei Wochen gären lassen. Kühl lagern!

Sauerkraut

Weißkraut hobeln, für kleinere Portionen lageweise in Schraubgläser füllen, leicht salzen und etwas Kümmel zugeben. Fest drücken, bei großen Gläsern mit der Faust, bei kleinen Gläsern mit einem Kochlöffel, etwas kochendes Wasser darübergeben, ein Lorbeerblatt darauflegen, den Schraubdeckel zudrehen und gären lassen (zwei Wochen bei Zimmertemperatur), danach kühl lagern.

Sojadickmilch

Lauwarme Sojamilch mit »Biogarde« (Reformhaus) impfen und an einem warmen Ort stocken lassen.

Sojamilch ist ein wichtiges Produkt der Veganküche. Verwenden Sie diese anstelle von Kuhmilch.

Sojamilch

100 g gelbe Sojabohnen verlesen und waschen. Ca. zwölf Stunden einweichen, abseihen und mixen. 3/4 l Wasser zum Kochen bringen. Den Brei in das kochende Wasser geben und verrühren. Fünf Minuten kochen lassen, mit einem feinmaschigen Sieb abseihen.

Auch mit einer Kokosnuß und Kokosmilch erhält der Körper Wertvolles: Der Anteil an Kalium und Eisen kann sich durchaus sehenlassen.

Veganrezepte

In Obst und Gemüse finden sich die meisten lebenswichtigen Vitamine.

Wer Erzeugnisse mit Zusätzen tierischer Herkunft ablehnt, kommt nicht umhin, die Inhaltsangaben genau zu studieren. Da Kleinstmengen nicht deklarationspflichtig sind, empfiehlt es sich, beim Hersteller nachzufragen. Obwohl Bio- und Reformhauswaren exakt gekennzeichnet sind, sollte man – als Veganer – auch bei ovo-lakto- und lakto-vegetarischen Produkten auf tierische Zusätze achten.

In welchen vegetarischen Produkten können sich Zusätze tierischer Herkunft verstecken?

Tierische Zusätze in

Gemüsebrühe	Milchprodukte
Gewürzmischungen	Milchprodukte,
Margarine	Tierische Fette, Milchprodukte
Schokoladenerzeugnisse	Milchprodukte, Blutplasma
Schokoladenüberzugsmasse	Molkereierzeugnisse
Gummibärchen	Gelatine (Knochenmehl)
Geleefrüchte	Gelatine
Sojafertigprodukte	Eiweiß, Milchprodukte
Pflanzliche Pasteten	Milchprodukte
Pesto	Käse
Vega Vita Glutenpulver	Milcheiweiß

Mayonnaisen	Ei, Milchprodukte
Vollkornknabbereien	Milchprodukte
Vollkorngebäck/Kekse	Ei, Milchprodukte
Pflanzliche Kaffeeweißer	Milchprodukte
Kosmetik/Seifen	Tierische Fette, Produkte aus Kadaververwertung
Medikamentkapseln	Gelatine (Knochenmehl)

Ersatz für Milchprodukte

Milch	Soja- oder Reismilch
Sahne	Sojatrockenmilch, mit etwas Wasser verquirlt
Joghurt	Sojamilch mit Sojagen und etwas Zitronensaft verrührt
Butter	Pflanzenmargarine
Quark	Tofu mit einigen Tropfen Zitronensaft und etwas Sojamilch oder Wasser
Käse	Tofu

Hinweise zu den Kochrezepten

Wenn nicht anders vermerkt, gelten die in den Rezepten genannten Mengen für vier Personen. Angegebene Gewürze oder Kräuter, die Ihnen nicht zusagen, durch solche ersetzen, die Sie mögen. Knoblauch, falls nicht erwünscht, weglassen.

Abkürzungen

1 TL = 1 Teelöffel
1 EL = 1 Eßlöffel
geh. = gehäufte(r), z. B. TL
gestr. = gestrichene(r), z. B. TL
1 Msp. = 1 Messerspitze
g = Gramm
l = Liter
1 Tasse = 200 g oder 200 ml Flüssigkeit
P = Päckchen (handelsübliche Packung)

Deutschland

Tofu in Senfsauce

Für 4 Personen

Zutaten
- 1 Tasse Vollreis
- 1 l Wasser
- 2 TL Gemüsebrühe, gekörnt
- Salz, Pfeffer
- 600 g Tofu
- 3 EL Sojatrockenmilch
- 1/2 TL Zucker
- 1 EL Obstessig
- Saft und Schale von 1 unbehandelten Zitrone
- 1 EL mittelscharfer Senf
- 1/2 TL Curry
- 1 TL Dill, gehackt
- 1 EL Sonnenblumenöl

Zeit: 15 Min.

1 Den Reis fein mahlen und mit etwas Wasser anrühren.
2 Das restliche Wasser mit der Gemüsebrühe, Salz und Pfeffer zum Kochen bringen; das angerührte Reismehl zugeben und alles gut miteinander vermengen.
3 Den Tofu in kleine Stücke schneiden, in die Brühe geben und kurz aufkochen lassen.
4 Nun das Sojatrockenmilchpulver mit etwas Wasser glattrühren und in die Brühe geben. Zusammen mit den restlichen Zutaten, die ebenfalls der Sauce beigemengt werden, weitere 5 Minuten ziehen lassen – nicht mehr aufkochen!

Beilage Dazu Salzkartoffeln servieren.

Österreich

Kartoffelsuppe

Für 4 Personen

Zutaten
- 1 kg Kartoffeln
- 2 Tomaten
- 1 Zwiebel
- 1 Möhre
- 1 Stange Lauch
- 1 Petersilienwurzel
- 2 EL Öl
- 1 TL Majoran
- 2 TL Kräutersalz
- 2 TL Gemüsebrühe, gekörnt
- 1/2 TL Paprika, edelsüß
- 1 l Wasser
- 1 TL Essig
- 2 EL Petersilie, gehackt

Zeit: 45 Min.

1 Die Kartoffeln schälen und in dünne Scheiben schneiden (eine kleine Kartoffel zurückbehalten)
2 Die Tomaten häuten, kleinwürfeln, zur Seite stellen.
3 Zwiebel, Möhre, Lauch und Petersilienwurzel kleinschneiden.
4 Das Öl in einem großen Topf erhitzen, Majoran und Kartoffelscheiben darin kurz anbraten, dann das kleingeschnittene Gemüse zugeben und ebenfalls andünsten.
5 Tomatenwürfel, Kräutersalz, gekörnte Gemüsebrühe und Paprika zufügen, nach und nach mit Wasser aufgießen.
6 Die Suppe ca. 30 Minuten bei niedriger Hitze köcheln lassen, gelegentlich umrühren.
7 Die zurückbehaltene Kartoffel fein reiben, zugeben und alles nochmals aufkochen lassen.
8 Dann erst den Essig unterrühren und kurz vor dem Servieren mit gehackter Petersilie bestreuen.

Beilage Mit Dampfnudeln servieren.

Italien

Lauchpizza

1 Das Weizenmehl mit der Trockenhefe vermischen.
2 Wasser, Olivenöl und Salz zufügen und zu einem Teig verkneten.
3 Den Teig zu einer Kugel formen, diese mit Mehl bestäuben und in eine angewärmte, bemehlte Schüssel geben.
4 Die Schüssel zudecken und den Teig ca. 20 Minuten an einem warmen Ort gehen lassen.
5 Den Teig auf einem gefetteten Blech ausrollen und weitere 15 Minuten gehen lassen.
6 In der Zwischenzeit Zwiebeln und Lauch in Ringe, den Tofu in feine Streifen schneiden und auf dem Hefeteig verteilen.
7 Die Pizza gleichmäßig mit Salz, Pfeffer, Muskat und Oregano würzen und mit Olivenöl beträufeln.
8 Die Pizza im vorgewärmten Ofen bei 180 °C ungefähr 20 Minuten backen.

Für 4 Personen

Zutaten
- 500 g Weizen, fein gemahlen
- 1 P Trockenhefe
- ca. 350 ml lauwarmes Wasser
- 1 EL Olivenöl
- 2 TL Salz

Belag
- 200 g Zwiebeln
- 800 g Lauch
- 200 g Räuchertofu
- Salz, Pfeffer
- Muskat
- Oregano
- 4 EL Olivenöl

Zeit: 1 Std. 15 Min.

Frankreich

Artischockenkasserolle

1 Die Stiele der Artischocken entfernen, das Heu mit einem Löffel abschaben.
2 Das Wasser zum Kochen bringen und die Artischocken darin zwischen 30 und 40 Minuten weich kochen.
3 Die Artischockenblätter ablösen (anderweitig verwenden).
4 Eine große feuerfeste Form mit Öl ausstreichen und die Artischockenböden darin verteilen.
5 Die Kartoffeln abbürsten, halbieren und um die Artischocken verteilen.
6 Die Möhren säubern, in ca. 1 cm dicke, längliche Streifen schneiden und zusammen mit den Erbsen und den gewürfelten Tomaten in die Zwischenräume geben.
7 Den Gemüseauflauf mit Salz und Pfeffer würzen, den Apfelsaft darüberträufeln, zudecken und etwa 40 Minuten dünsten.
8 Mit Petersilie servieren.

Für 4 Personen

Zutaten
- 4 große Artischocken
- 1 l Wasser
- 2 EL Olivenöl
- 12 kleine, neue Kartoffeln
- 4 junge Möhren
- 1 Tasse Zuckererbsen
- 2 Tomaten
- Salz, Pfeffer
- 2 EL Apfelsaft
- 2 EL gehackte Petersilie

Zeit: 2 Std. 30 Min.

Für 4 Personen

Zutaten

- 2 altbackene Brötchen
- 2 Schalotten
- 250 g Champignons
- 2 EL Öl
- 100 g gehackte Cashewkerne
- 300 g Tofu
- 1/2 unbehandelte Zitrone
- 3 EL Tamari
- 1/2 TL Muskatpulver
- 2 geh. TL Gemüsebrühe, gekörnt
- Salz, weißer Pfeffer
- 1 Bund Petersilie (oder 3 EL Majoran)
- 100 g Vollweizenmehl
- 2 TL Backpulver
- 5 EL Semmelbrösel
- Öl und Semmelbrösel für die Form

Zeit: 2 Std. 30 Min.

Unser Tip:
Die Masse kann auch in einer feuerfesten Form, mit Alufolie abgedeckt, im Backofen gegart werden. Reste kalt als Brotbelag verwenden!

England

Gemüsepudding Windsor

1 Brötchen in heißem Wasser einweichen.

2 Inzwischen die Schalotten schälen und klein würfeln, die Champignons putzen und blättrig schneiden.

3 Das Öl erhitzen, die Cashewkerne darin anrösten, aus der Pfanne nehmen zur Seite stellen (2 EL zum Verzieren aufheben).

4 Die Schalotten goldgelb in der Pfanne anbraten, dann die Champignons zugeben und ebenfalls kurz anbraten.

5 Den Tofu mit einer Gabel in einer großen Schüssel zerdrücken.

6 Die Zitrone heiß waschen und trockentupfen. Die Hälfte der Schale abreiben, 2 EL Zitronensaft auspressen und dem Tofu zugeben.

7 Die eingeweichten Brötchen sehr gut ausdrücken und zum Tofu in die Schüssel geben.

8 Die gerösteten Cashewkerne, Tamari, Muskatpulver, Gemüsebrühe, Salz und Pfeffer zufügen und die kleingehackte Petersilie untermengen.

9 Das Mehl mit dem Backpulver verrühren, zusammen mit den Semmelbröseln zu den übrigen Zutaten geben und gut vermengen.

10 Eine Puddingform und den Deckel gut mit Öl bestreichen, mit Semmelbröseln ausstreuen und die Puddingmasse einfüllen; den Deckel mit einer Klammer verschließen.

11 Die Puddingform in einen hohen Topf stellen. So viel kochendes Wasser zugießen, bis sich die Form hebt und zu schwimmen beginnt.

12 Im köchelnden Wasserbad etwa 2 Stunden garen – ab und zu kochendes Wasser nachgießen.

13 Die Form aus dem Wasserbad nehmen, etwas abkühlen lassen, den Pudding auf eine Servierplatte stürzen und mit den zurückbehaltenen Cashewkernen verzieren.

Beilage Dazu passen eine Kartoffel-, Reis- oder Getreidebeilage und die vegetarische Bratensauce (s. Rezept S. 69).

Rußland

Borschtsch mit Buchweizenkascha

1 Rote Bete, Sellerie und Kartoffeln putzen, schälen und zusammen mit dem Lorbeerblatt in der Gemüsebrühe garen.

2 Das Gemüse herausnehmen, in Würfel schneiden, salzen und pfeffern und zur Seite stellen.

3 Den Weißkohl hobeln und ebenfalls knappe 10 Minuten in der Brühe garen.

4 Unterdessen die kleingewürfelten Zwiebeln und die Knoblauchzehe in einer Pfanne im Öl goldgelb anbraten.

5 Dann das Gemüse hinzugeben, mit Mehl bestäuben und mit etwas Kochsud übergießen. Das Tomatenmark einrühren.

6 Zu dem gegarten Weißkohl geben und durchziehen lassen.

7 Mit Paprika und Tamari abschmecken.

Beilage Buchweizenkascha

1 Öl in einer feuerfesten Form erhitzen und die Buchweizengrütze goldgelb darin anbraten.

2 Mit kochendem Wasser auffüllen, so daß die Grütze mit mehr als 3 cm Flüssigkeit bedeckt ist.

3 Salzen und bei 190 °C ungefähr 50 Minuten im Backofen garen.

Für 4 Personen

Zutaten

- 3 kleine rote Bete
- 1/2 Knolle Sellerie
- 2 Kartoffeln
- 1 Lorbeerblatt
- 1 1/2 l Gemüsebrühe
- Salz, Pfeffer
- 1 kl. Kopf Weißkohl
- 2 Zwiebeln
- 1 Knoblauchzehe
- 5 EL Pflanzenöl
- 1/2 Tasse Mehl
- 1 EL Tomatenmark
- 1 TL Paprika, edelsüß
- 2 TL Tamari

Beilage

- 1 EL Öl, 250 g Buchweizengrütze, Wasser, 1 TL Salz

Zeit: 1 Std.

Tip

Beginnen Sie mit der Zubereitung der Buchweizen-Beilage, dann dauert die gesamte Kochzeit ungefähr eine Stunde.

Borschtsch, der russische Klassiker, läßt viele Variationen zu: Wenn Sie keine rote Bete mögen, können Sie den Borschtsch auch mit Sauerampfer oder Spinat probieren.

China

Chinesische Fastenspeise

Für 4 Personen

Zutaten
- 20 g getrocknete chinesische Pilze
- 200 g Austernpilze
- Salz, Pfeffer
- 1 EL Öl
- 500 g Spargel oder Brokkoli
- 1 kleiner Weißkohl oder Chinakohl
- 1 Glas Sojasprossen (175 g)

Sauce
- 125 g Glasnudeln
- 1 l Wasser
- 1/2 Tasse Tamari
- Cayennepfeffer
- Gemüsebrühe
- 2 EL Öl

Zeit: 20 Min.

1 Die Trockenpilze über Nacht in Wasser einweichen.
2 Die Austernpilze salzen, pfeffern und in einer Pfanne in Öl goldgelb braten.
3 Parallel dazu den Spargel oder Brokkoli schälen bzw. säubern und knackig garen.
4 Weißkohl oder Chinakohl in breite Streifen schneiden, ebenfalls in Öl anbraten und für knappe 5 Minuten garen.
5 Das gesamte Gemüse, die Sojasprossen und die Austernpilze miteinander vermischen, in der Pfanne nochmals kurz aufkochen und warm stellen.

Sauce
1 Die Trockenpilze abseihen, nochmals waschen und abtropfen lassen.
2 Zusammen mit den Glasnudeln in 1 l kaltem Wasser aufsetzen und kurz aufkochen.
3 Mit Tamari, Cayennepfeffer und Gemüsebrühe abschmecken, 2 EL Öl dazugeben.

Beilage Reis

Indonesien

Balinesischer Erdnußreis

Für 4 Personen

Zutaten
- 2 unbehandelte Orangen
- 1 unbehandelte Zitrone
- 250 g Seitan (Reformhaus)
- 2 EL Maiskeimöl
- 5 EL Erdnußkerne
- 250 g Langkornreis
- 1/2 l Wasser
- 1 kleine Chilischote
- 2 große Bananen
- Salz, Pfeffer

Zeit: 40 Min.

1 Von den Orangen und der Zitrone die Schalen abreiben.
2 Die Fruchtfilets aus den Trennhäuten herausschneiden; dabei den Saft auffangen.
3 Den Seitan in Streifen schneiden, in Maisöl anbraten und die Erdnüsse mitrösten; alles aus der Pfanne nehmen.
4 Den Reis kurz anbraten, mit dem Wasser ablöschen und 20 Minuten köcheln lassen.
5 Danach den Orangen- und Zitronensaft über den Reis gießen und gut verrühren.
6 Die Chilischote waschen und in dünne Ringe schneiden.
7 Bananen in dicke Scheiben schneiden.
8 Alles unter den Reis rühren, abschmecken und nochmals kurz erwärmen.

Indien

Gemüsepakora mit Zitronenreis

1 Kichererbsenmehl, Wasser, Salz, Pfeffer und Kurkuma zu einem zähflüssigen Teig verrühren; diesen über Nacht kalt stellen.
2 Am nächsten Tag das Natron in den Teig einrühren – der Teig sollte zäh vom Löffel fallen. Falls er zu dickflüssig ist, etwas Wasser zufügen; sollte er zu flüssig geworden sein, etwas Weizenmehl einrühren.

Folgende Gemüsesorten eignen sich gut für Pakoras

Auberginen, Paprika, Pilze, Gurken, Zwiebeln, Kartoffeln*, Radieschen, Möhren, Blumenkohl*, Sellerie*, grüne Bohnen*, Spargel (*diese Gemüse müssen vorgegart werden!)

1 Das Gemüse säubern, kleinschneiden und im Teig wenden.
2 Das Öl stark erhitzen und die im Teig gewendeten Gemüsestücke darin einige Minuten lang ausbacken.
3 Die fritierten Gemüsestücke mit einer Schaumkelle herausnehmen, auf Küchenkrepp legen, so daß das überflüssige Fett aufgesogen wird.
4 Heiß servieren. Pakoras können auch aufgebacken werden: Diese dafür auf ein Backblech legen, auf 250 °C vorheizen und die Pakoras aufwärmen.

Unser Tip Abgelöste Teigstückchen mit dem Schaumlöffel herausholen. Sie eignen sich gut als Suppeneinlage.

Beilage Zitronenreis

1 Den Reis kalt waschen.
2 Das Wasser zum Kochen bringen und dann salzen.
3 Den abgetropften Reis zugeben, kurz aufkochen lassen und 10 Minuten quellen lassen.
4 Die Margarine in einer Pfanne schmelzen, die Gewürze darin anrösten. Wenn die Senfkörner zu springen beginnen, den Reis zugeben und Zitronensaft und Zitronenschale unterrühren.

Für 4 Personen

Zutaten

- 1 1/2 Tassen Kichererbsenmehl
- 1 Tasse Mineralwasser
- 1 TL Salz
- 1 Msp. Cayennepfeffer
- 1 TL Kurkuma
- 1/2 TL Natron
- Öl zum Ausbacken

Zeit: 1 Std. 10 Min.

Zitronenreis

- 2 Tassen Basmatireis
- 3 Tassen Wasser
- 1 TL Salz
- 50 g Margarine
- 1 TL schwarze oder gelbe Senfkörner
- 2 TL Kurkuma
- Saft von 1 Zitrone
- 1 Msp. Zitronenschale

Zeit: 15 Min.

Für 4 Personen

Zutaten

- 1 Tasse Mung- oder Uradbohnen oder gelbe, halbierte Erbsen
- 8 Tassen Wasser
- 1 TL Salz
- 2 EL Öl
- 1 TL Kurkuma
- 1 TL Cayennepfeffer
- 1 TL Kümmel
- 4 Nelken, ganz
- 1/2 TL Senfkörner

Zeit: 45 Min.

Tip

Dal hält sich sehr gut. Er schmeckt, gut durchgezogen, am zweiten Tag sogar noch besser. Langsam unter Rühren aufwärmen, damit er nicht anbrennt.

Dal mit Gewürzen

1 Dal waschen und in Salzwasser zwischen 20 und 40 Minuten weich kochen. Die Kochzeit ist von der Hülsenfruchtsorte abhängig.

2 Das Öl in einer kleinen Pfanne erhitzen und die Gewürze darin anrösten.

3 Wenn die Senfkörner zu springen beginnen, einen kleinen Teil des Dals zufügen und anbraten. Vorsicht: Das Fett spritzt!

4 Den gesamten Pfanneninhalt in den Topf mit Dal geben, die Masse gut verrühren und nochmals kurz aufkochen lassen. Gleich servieren.

Info Unter Dal wird in der indischen Küche jede Art von Hülsenfrüchteeintopf verstanden. Diese sehr kohlenhydrat- und eiweißreiche Beilage wird, quasi als Fleischersatz, zu Chapatis (Weizenfladen), Gemüse (Currys) und Reis gereicht. Hülsenfrüchte, die für einen Dal in Frage kommen, sind Mung- oder Uradbohnen, gelbe und grüne Erbsen und Linsen, da sie keine Einweichzeit benötigen. Die Würzmischungen für das Dal sind ebenso vielfältig wie die Hülsenfrüchte selbst – Region hat ihre eigenen Rezeptideen.

Das klassische Dal wird mit Mungbohnen zubereitet. Mungbohnen, so werden die noch grünen Sojabohnen genannt, haben einen sehr hohen Eiweißgehalt.

Westafrika

Umga (Kürbis-Mais-Püree)

Für 4 Personen

Zutaten

- 1 kleiner Kürbis
- 1 l Wasser
- 2 Nelken
- 2 Msp. Zimt
- 150 g Maismehl

Zeit: 15 Min.

1 Den Kürbis schälen, die Kerne herauslösen und das Fruchtfleisch in kleine Würfel schneiden.

2 Das Wasser mit den Gewürzen zum Kochen bringen und die Kürbisstückchen darin bei niedriger Hitze weich dünsten, gelegentlich umrühren.

3 Das Maismehl einrühren und unter Rühren nochmals aufkochen lassen.

Info Gekochter weißer Maisgrieß ist in seiner Heimat die traditionelle Beilage zu allen Gemüsegerichten und darf bei keinem Essen fehlen. Umga ist eine spezielle Zubereitungsform, bei der Gemüse und Mais zusammen verarbeitet wird.

Deresere (Okragemüse)

Für 4 Personen

Zutaten

- 300 g Okra
- 1/2 l Wasser
- 1/4 TL Natron
- 2 Tomaten
- Salz, Pfeffer

Zeit: 35 Min.

1 Okra putzen und in Scheiben schneiden.

2 Wasser mit dem Natron zum Kochen bringen und die Okrascheiben etwa 15 Minuten darin weich dünsten.

3 Tomaten häuten, in kleine Würfel schneiden und zu den Okrascheiben geben.

4 Salz und Pfeffer nach Geschmack zufügen und das Gemüse unter ständigem Rühren etwa 15 Minuten köcheln lassen.

5 Dieses saucenartige Gemüsegericht mit dem außergewöhnlichen Geschmack der Okra paßt hervorragend zu Umga oder einfachen Maisgrießschnitten.

Info Okra gehört zu den asiatischen Malvengewächsen; sie werden bevorzugt im Mittelmeerraum und in den Südstaaten der USA angebaut. Geerntet wird die noch nicht zur vollen Reife entfaltete, ca. 15 cm lange Frucht. Mittlerweile ist Okra auch auf deutschen Märkten zu finden.

Kelewele

Für 4 Personen

Zutaten
- 4 Kochbananen
- Salz, Pfeffer
- 1 EL Erdnußöl

Zeit: 10 Min.

1 Die geschälten Bananen in Scheiben schneiden, salzen und pfeffern.
2 Das Öl in einer großen Pfanne erhitzen und die Bananenscheiben einige Minuten auf beiden Seiten goldgelb anbraten lassen.

Unser Tip Kelewele kann nicht oft genug gegessen werden. Es paßt gut zu allen Gemüsegerichten und ist eine mineralreiche Nahrungsergänzung. Kochbananen sind besonders für eine überlastete Bauchspeicheldrüse gut, da sie heilend auf das angegriffene Organ wirken.

Südafrika

Belila

Für 4 Personen

Zutaten
- 150 g Weizen
- 1/2 TL Koriander, gemahlen
- 1/4 TL Anis, gemahlen
- 1/4 TL Fenchel
- 1 Prise Zimt
- 4 EL Sojasahne (s. Rezept S. 75)
- 1 EL Ahornsirup
- 2 EL Rosinen
- 2 TL abgeriebene, unbehandelte Orangenschale
- 4 EL frisch geraspelte Kokosflocken
- 2 EL feingehackte Nüsse oder Nußmus
- Obst zum Garnieren

Zeit: 1 Std. 15 min

1 Den Weizen waschen und über Nacht in einem Topf mit 300 ml Wasser einweichen.
2 Am nächsten Tag Koriander, Anis, Fenchel und Zimt mit in das Einweichwasser geben und zusammen mit dem Weizen 40 bis 60 Minuten bei niedriger Hitze köcheln lassen.
3 Danach den Topf vom Herd nehmen und erkalten lassen.
4 In der Zwischenzeit die Sojasahne, siehe Rezept auf S. 75, zubereiten.
5 Unter den abgekühlten Weizen Ahornsirup, Rosinen, Zimt, abgeriebene Orangenschale, Kokosflocken, Nüsse oder Nußmus mischen und alles gut verrühren.
6 Danach vorsichtig die Sojasahne unterheben, mit frischem Obst garnieren und servieren.

Unser Tip Für eine warme Hauptmahlzeit empfiehlt es sich, die Flüssigkeit mit Kouzou oder einem anderen Bindemittel anzudicken und die Sojasahne getrennt von der Weizenmasse zu servieren.

Nordamerika

Boston Baked Beans

1 Die Bohnen waschen und über Nacht einweichen.
2 Am nächsten Tag die Bohnen im Einweichwasser fast gar kochen. Nicht salzen! Dann die Bohnen abtropfen lassen.
3 Für die Sauce Zwiebel, Möhre, Paprika und Sellerie säubern und kleinschneiden.
4 Das Öl in einer Kasserolle erhitzen; zunächst die Zwiebeln darin goldgelb anbraten, dann das restliche Gemüse zugeben und den Herd ausschalten.
5 Die Gewürze zusammen mit den Tomaten unterrühren, mit Salz und Pfeffer würzen.
6 Die Bohnen in eine Auflaufform geben und die noch ungekochte Gemüsesauce darüber verteilen.
7 Den Traubensaft darübergießen, für 2 bis 3 Stunden im vorgeheizten Backofen bei 160 °C backen lassen, so lange, bis die gesamte Flüssigkeit aufgesogen ist. Dabei gelegentlich umrühren!

Unser Tip Mit knusprigem Baguette servieren.

Für 4 Personen

Zutaten
- 250 g kleine weiße Bohnen

Sauce
- 1 mittelgroße Zwiebel
- 1 Möhre
- 1 grüne Paprika
- 1 Schnitz Sellerie, ca. 50 g
- 2 EL Olivenöl
- 1/2 TL Oregano
- 1/2 TL Rosmarin
- 1 Lorbeerblatt
- 2 kl. Dosen Tomaten
- Salz, Pfeffer
- 2 EL Traubensaft

Zeit: 3 Std.

Bohnengerichte dieser Art sättigen, ohne das Gefühl zu vermitteln, »vollgestopft« zu sein. Dafür sorgt das ideale Verhältnis der essentiellen Eiweiße, Kohlenhydrate, Vitamine und Mineralien.

Für 4 Personen

Zutaten
- 4 Teigfladen für Strudel (in türkischen Geschäften erhältlich)

Füllung
- 2 EL Olivenöl
- 1 TL Bohnenkraut
- 1 TL gemahlene Muskatnuß
- 1/2 l passierte Tomaten
- 2 EL getrocknetes Suppengemüse
- 1 gr. Dose Kidneybohnen
- 1/2 rote Paprika
- 1/2 grüne Paprika
- Salz, Cayennepfeffer
- Gemüsebrühe, gekörnt

Garnitur
- 2 Tomaten
- 1/2 Eisbergsalat

Zeit: 35 Min.

Mexiko

Burritos

1 Das Öl in einem Topf erhitzen, Bohnenkraut und Muskatnuß darin kurz anbräunen.
2 Mit der Hälfte der passierten Tomaten ablöschen, das Suppengemüse beigeben und kurz aufkochen lassen.
3 Die abgeseihten und gewaschenen Bohnen zusammen mit der gesäuberten und kleingeschnittenen Paprika zugeben und weiterkochen lassen.
4 Nach ungefähr 7 Minuten die Masse mit einem Mixstab oder Kartoffelstampfer zerkleinern, so daß sie eine dickflüssige Konsistenz bekommt. Mit Salz würzen und je nach Geschmack mit Cayennepfeffer und gekörnter Gemüsebrühe abschmecken. Sollte sie zu flüssig sein, etwas Semmelbrösel zugeben und nochmals aufkochen lassen.
5 Die Teigfladen ausbreiten, leicht anfeuchten; auf jedem Fladen 5 EL Bohnenmasse verstreichen, wobei 2 cm am Rand freigelassen werden sollte.
6 Den oberen und unteren Rand des Fladens einschlagen und von der Seite her aufrollen.
7 Mit den zurückbehaltenen passierten Tomaten gleichmäßig bestreichen.
8 Die Burritos auf ein beöltes Backblech legen, mit Folie locker abdecken und bei 160 °C 10 Minuten im Ofen backen.
9 Jeweils einen Burrito vom Blech lösen und auf die Seite eines großen, flachen Tellers legen.
10 Zur Garnitur die Tomaten waschen und vierteln, den ebenfalls gewaschenen Salat in feine Streifen schneiden und neben dem Burrito anrichten.

Beilage Mit Taco- oder Chilisauce oder Avocadohälften servieren.

Info Burritos sind mexikanische Weizenfladen mit einer pikanten Bohnenfüllung. Traditionell werden sie mit geriebenen Käse und Crème fraîche serviert; für die Vegan-Ernährung können Sie Sojasahne oder Vegan-Mayonnaise verwenden (s. Rezepte S. 75).

Chili con Tofu

1 Die Kidneybohnen über Nacht einweichen; vor dem Kochen abseihen und mit klarem Wasser abspülen.

2 In einem großen Topf Wasser zum Kochen bringen, die Kidneybohnen hineingeben und 10 Minuten sprudelnd kochen lassen.

3 Dann die Hitze reduzieren und die Bohnen je nach Größe 1 bis 1 1/2 Std. garen.

4 Unterdessen Sellerie, Kartoffeln und Paprikaschoten putzen und in kleine Würfel schneiden.

5 Öl in einer Kasserolle oder großen Pfanne erhitzen und Bohnenkraut und Majoran darin kurz anrösten.

6 Dann gleich das Gemüse zugeben und ebenfalls anbraten.

7 Mit Curry, Räuchersalz und Knoblauchpulver würzen und gut verrühren.

8 Mit den pürierten Tomaten ablöschen und weitere 10 Minuten köcheln lassen.

9 Die Bohnen abseihen, untermengen und nochmals 10 Minuten bei niedriger Hitze köcheln lassen.

10 Den Räuchertofu in Würfel schneiden, zugeben und kurz mitkochen.

Mit Baguette servieren.

Für 4 Personen

Zutaten

- 250 g getrocknete Kidneybohnen
- 1/2 l Wasser
- 1/2 kleine Sellerieknolle
- 2 große Kartoffeln
- 1/2 rote Paprikaschote
- 1/2 grüne Paprikaschote
- 1 rote Chilischote
- 2 EL Olivenöl
- 1/2 TL Bohnenkraut
- 1/2 TL Majoran
- 1 TL Curry
- 1 TL Räuchersalz
- 1/2 TL Knoblauchpulver
- 1/2 l Tomaten, püriert
- 300 g Räuchertofu

Zeit: 2 Std.

Die Schärfe des klassischen Chiligerichts hat im heißen Mexiko ihren Sinn: Zum einen wirkt sie antibakteriell, zum anderen ist sie schweißtreibend und damit hautkühlend.

Herzhafte, deftige Hauptgerichte

Gluten ist ein wichtiger Eiweißlieferant in der Vegan-Küche. Es wird je nach Verwendungszweck in kräftig gewürzter Gemüsebrühe ganz, in Scheiben oder Stücken gekocht, in Öl mit Gewürzen gebraten oder mariniert.

Genuß ohne Reue – hier dürfen Sie schlemmen ohne unerwünschte Nebenwirkungen.

Dieses Kapitel ist besonders den Gourmets unter den Veganern gewidmet, die sich gesund ernähren wollen, dabei aber nicht auf den gewohnten Geschmack verzichten möchten.

Interessant kann es auch für jene sein, die mal einen Versuch machen und in die Veganernährung »reinschnuppern« wollen. Sie werden staunen, wie zahlreich die Gerichte sind und wie leicht es ist, sich gesund zu ernähren.

Den »alten Hasen« unter den Veganern, die für ihre Gäste, die noch nicht so viel Ahnung von Veganernährung haben, so kochen wollen, daß sie auch wiederkommen, werden die nächsten Seiten ebensoviele neue Anregungen geben.

Im folgenden bekommen Sie die wichtigsten Grundrezepte für eine eiweißreiche Veganernährung vorgestellt. Anhand der zahlreichen Variationen können Sie sehen, wie vielfältig kombinierbar sie ist, und wie viele geschmackliche Möglichkeiten sie bietet.

Selbsthergestelltes Gluten oder das im Handel erhältliche Seitan kann zu Veganschnitzeln, -braten, -rouladen, -gulasch, -fondue etc. verwendet werden.

Grundrezept Seitan/Gluten

Für 4 Personen

Zutaten

- 1 kg Mehl Typ 405
- 1/2 l Wasser

Zeit: 1 Std.

1 500 g Mehl mit dem gesamten Wasser in einer Küchenmaschine oder mit einem Handrührgerät vermengen.

2 Nach und nach das restliche Mehl zufügen und zu einem festen Teig verkneten.

3 Den Teig in 3 gleich große Stücke teilen und diese zu Kugeln formen. Beiseite stellen und 30 Minuten ruhen lassen.

4 Danach werden die Teigkugeln in kaltes Wasser gelegt und für eine halbe Stunde in den Kühlschrank gestellt.

5 Den Teig im Wasser gut durchkneten, das Wasser insgesamt 5 bis 6 mal erneuern. Bei dem Vorgang wird die Stärke herausgewaschen, bis ein zäher, faseriger Rest, das Gluten, übrigbleibt.

Grundrezept Veganschnitzel nature

Für 4 Personen

Zutaten

- 50 ml passierte Tomaten
- 3 EL Tamari
- 1 TL Zwiebelpulver
- 1/2 TL Muskatpulver
- 1/2 TL weißer Pfeffer
- Knoblauchpulver
- etwas abgeriebene Zitronenschale
- 1 Tropfen Zitronenöl
- 150 ml Wasser
- 200 g Gluten pur (Reformhaus)

Kochsud

- 1 1/2 l gewürzte Gemüsebrühe
- 1 Zwiebel
- 1 Zweig Liebstöckel

Zeit: 1 Std.

1 Entweder das Gluten wie im Grundrezept selbst herstellen oder die Veganschnitzel folgendermaßen zubereiten:

2 Tomaten, Gewürze, das Abgeriebene der Zitronenschale oder das Zitronenöl zusammen mit dem Wasser in einer Schüssel verrühren.

3 Das Glutenpulver zugeben und so rasch und gleichmäßig wie möglich mit den Händen zu einen Kloß verkneten. In ein Sieb geben und die überschüssige Flüssigkeit abtropfen lassen.

4 Inzwischen die Gemüsebrühe zum Kochen bringen, Zwiebel vierteln und Liebstöckel zugeben.

5 Das Gluten in Scheiben schneiden, nacheinander in die Brühe geben und 20 Minuten sprudelnd kochen lassen.

6 Mit einer Schöpfkelle herausnehmen und zunächst in einem Sieb abtropfen lassen. Noch warm jeweils ein Schnitzel zwischen zwei Holzbrettchen legen und damit die restliche Flüssigkeit ausdrücken.

7 In Öl ausbraten und zu Reis oder Kartoffeln servieren.

Unser Tip Den Kochsud für Suppen oder Saucen verwenden!

Marinierte Veganscheiben

Für 4 Personen

Zutaten

- Veganschnitzel nature (s. Grundrezept S. 47)
- Öl nach Bedarf
- 2 EL Tamari
- Knoblauchpulver nach Geschmack

Zeit: 60 Min.

1 Veganschnitzel nach dem Grundrezept zubereiten. Noch heiß zwischen zwei hölzernen Frühstücksbrettchen auspressen und erkalten lassen.
2 Für die Marinade Öl und Tamari vermengen, nach Bedarf mit Knoblauchpulver würzen.
3 Die Schnitzel in die Marinade legen, und so viel Öl zugießen, daß sie völlig bedeckt sind; dann mindestens einen Tag in der Marinade ziehen lassen.

Veganscheiben eignen sich als folgende Gerichtsergänzungen hervorragend:
Brotbelag, Geschnetzeltes, Paprika- oder Rahmschnitzel, Naturschnitzel, knusprig gebraten, kalt mit Veganmayonnaise, Mais und Essiggurken

Unser Tip Die Marinade läßt sich hervorragend zu leckeren Saucen und Suppen verwenden. Die Schnitzel sind bis zu einer Woche im Kühlschrank in der Marinade haltbar.

Wiener Schnitzel Veganer Art

Für 4 Personen

Zutaten

- Veganschnitzel nature (s. Grundrezept S. 47)

Panade

- 2 geh. EL Sojagen
- 2 geh. EL Soja- oder Hefeflocken
- 10 EL Gemüsekochsud, abgekühlt
- 1/2 TL weißer Pfeffer
- 1 TL Öl
- Paniermehl nach Bedarf
- Öl zum Ausbacken

Zeit: 1 Std. 20 Min.

1 Das Veganschnitzel laut Grundrezept herstellen.
2 Für die Panade das Sojagen, die Sojaflocken, den Gemüsesud, den weißen Pfeffer und das Öl in einem tiefen Teller gut miteinander verrühren, am besten mit einem Quirl, bis eine Sauce von gleichmäßiger Konsistenz entstanden ist.
3 Das Paniermehl in einen flachen Teller geben.
4 Die gut abgetropften Veganschnitzel in die Panade tauchen und dann gleichmäßig im Paniermehl wenden.
5 Das Öl in einer Pfanne erhitzen und die Schnitzel darin einige Minuten auf beiden Seiten knusprig braten.

Beilage Pommes frites, Reis, Salzkartoffeln oder ein frischer bunter Salat

Veganbraten

1 Weizenglutenpulver und Sojaflocken gut mischen.
2 In einem Meßbecher die passierten Tomaten, das Tamari, die gekörnte Gemüsebrühe, das Abgeriebene der Zitronenschale, das Knoblauchpulver und den weißen Pfeffer vermengen.
3 Die Zwiebel schälen und zusammen mit dem Majoran pürieren; dann dazugeben.
4 Den Meßbecher nun mit Wasser auf 600 ml auffüllen.
5 Das Gemisch gut durchrühren, über das Weizenglutenpulver und die Sojaflocken gießen, alles rasch durchkneten und sofort zu einem Kloß formen.
6 Öl und zerstoßene Wacholderbeeren in eine Kastenform (oder Römertopf) geben, erhitzen und den Kloß darin von allen Seiten anbraten
7 Bei 180 °C ungefähr 2 Stunden im Ofen braten. Wird der Braten in einer Auflauf- oder Kastenform gegart, mit Alufolie abdecken.

Beilage Mit dunkler Bratensauce, siehe S. 69, Kartoffelklößen und Rotkohl oder grünen Bohnen servieren.

Für 8 Personen

Zutaten
- 400 g Weizenglutenpulver
- 100 g Sojaflocken
- 200 ml passierte Tomaten
- 7 EL Tamari
- 3 TL Gemüsebrühe, gekörnt
- Schale von 1/2 Zitrone
- 1/2 TL Knoblauchpulver
- 1 TL weißer Pfeffer
- 1 große Zwiebel
- 1 geh. TL Majoran
- Wasser zum Auffüllen
- Öl zum Braten
- 12 Wacholderbeeren

Zeit: 2 Std. 15 Min.

Tip

Wichtig ist, daß Sie das Wasser- und Glutenpulvergemisch sofort verarbeiten, da es sehr schnell eine Verbindung eingeht – bereits nach wenigen Sekunden ist dieser Prozeß abgeschlossen.

Die Reste lassen sich gut als Brotbelag verwenden oder, in etwas Öl angebraten, zu einem Getreide- oder Kartoffelgericht servieren.

Veganstückchen nach Sauerbratenart

Für 4 Personen

Zutaten
- 2 große Zwiebeln
- 8 Nelken
- 2 EL Öl
- 1 Glas Seitan (oder selbstgemachtes Gluten)
- 2 Lorbeerblätter
- 4 Wacholderbeeren
- 6 EL Mehl
- 1/4 l Wasser
- 1 TL Gemüsebrühe, gekörnt
- 1/4 TL Pfeffer
- 1/4 l Obstessig
- 1/2 TL Zuckercouleur
- 3 EL Sojagen

Zeit: 30 Min.

1 Eine Zwiebel vierteln und mit den Nelken spicken, die andere Zwiebel würfeln.
2 Das Öl in einer Pfanne erhitzen und alle Zwiebeln darin anbraten.
3 Seitan in Stückchen oder Streifen schneiden und ebenfalls kurz anbraten.
4 Lorbeerblatt und Wacholderbeeren zugeben, das Mehl darüberstreuen und einrühren.
5 Mit Wasser ablöschen und alles gut durchkochen lassen.
6 Dann mit der gekörnten Gemüsebrühe und dem Pfeffer würzen.
7 Den Obstessig darübergießen und nochmals 5 Minuten köcheln lassen.
8 Unterdessen Zuckercouleur und Sojagen in etwas Wasser auflösen, gut miteinander verrühren und dann die Veganstückchen zufügen.

Beilage Kartoffelklöße oder selbstgemachte Spätzle

Gefüllte Zucchini mit Veganschnitzel

Für 4 Personen

Zutaten
- 4 kleine Zucchini
- Salz, Pfeffer

Füllung
- 500 g Spinat
- 8 EL Semmelbrösel
- 1/2 TL Muskatpulver
- 1 TL Knoblauchpulver
- 4 kleine Veganschnitzel (s. Grundrezept S. 47)
- Zahnstocher
- 2 EL Öl

Zeit: 45 min

1 Die Zucchini waschen, der Länge nach halbieren, das Fruchtfleisch aushöhlen und beiseite stellen. Die Zucchinischiffchen salzen und pfeffern.
2 Den Spinat waschen, gut abtropfen lassen und in wenig Salzwasser blanchieren.
3 In einem Sieb gut ausdrücken; danach kleinhacken und mit dem ebenfalls kleingehackten Zucchinifleisch vermengen.
4 Die Semmelbrösel, Salz, Pfeffer, Muskat und Knoblauchpulver dazugeben und gut verrühren.
5 Die Zucchinischiffchen mit der Masse füllen, mit je einem kleinen Veganschnitzel bedecken und dieses mit einem Zahnstocher befestigen.
6 In eine Auflaufform das Öl geben, die Zucchini hineinsetzen und bei ungefähr 160 °C im Ofen ca. 30 Minuten backen. Die Auflaufform während der letzten 15 Minuten mit Alufolie abdecken.

Tofu nach Kasseler Art mit Sauerkraut

Für 4 Personen

Zutaten
- 1 Zwiebel
- 2 EL Öl
- 1 kg Sauerkraut
- 1 Lorbeerblatt
- 5 Wacholderbeeren
- 1/2 TL Kümmel
- 500 g Räuchertofu
- Räuchersalz, Pfeffer
- 1 Kartoffel

Zeit: 25 Min.

1 Die Zwiebel kleinschneiden.
2 1 El Öl in einem Topf erhitzen und die Zwiebel darin anbraten.
3 Das Sauerkraut zusammen mit dem Lorbeerblatt, den Wacholderbeeren und dem Kümmel zugeben und 15 Minuten bei mittlerer Hitze köcheln lassen (bei Bedarf Wasser zugießen).
4 Inzwischen den Tofu in 1 cm dicke Scheiben schneiden und mit Räuchersalz und Pfeffer würzen.
5 Das restliche Öl in eine Pfanne geben und die Tofuscheiben bei mäßiger Hitze auf beiden Seiten anbraten.
6 Kartoffel schälen, fein reiben, in das Sauerkraut rühren und kurz aufkochen lassen.
7 Die Tofustücke auf das fertige Kraut legen.

Beilage Kartoffeln oder Hirse

Gefüllte Veganschnitzel

Für 4 Personen

Zutaten
- 4 dicke Veganschnitzel (s. Grundrezept S. 47)
- 4 Scheiben geräucherter Tofu
- Salz, Pfeffer
- 1 TL Schabziger Klee (Reformhaus)
- Knoblauchpulver nach Geschmack
- 4 Salbeiblätter
- 8 Zahnstocher
- 1–2 EL Mehl
- Öl zum Ausbraten

Zeit: 35 Min.

1 4 dicke Veganschnitzel nach dem Grundrezept (S. 47) zubereiten. Bevor sie in den Kochsud gelegt werden, seitlich Taschen einschneiden.
2 Die geräucherten Tofuscheiben salzen, pfeffern und mit Schabziger Klee bestäuben; je nach Bedarf auch noch mit Knoblauchpulver bestreuen.
3 Die Tofuscheiben in die vorbereitete Tasche schieben, jeweils ein Salbeiblatt darauflegen und die Tasche mit einem Zahnstocher verschließen.
4 Die Schnitzel in Mehl wenden; Öl in einer Pfanne erhitzen und die Schnitzel jeweils 5 Minuten auf beiden Seiten goldgelb braten.

Beilage Reis oder Kartoffeln

Unser Tip Sie können die Schnitzel auch schon einen Tag vor dem Verzehr zubereiten; dann empfiehlt es sich, sie im Kühlschrank aufzubewahren.

Veganrouladen

Für 4 Personen

Zutaten
- Veganbraten (s. Rezept S. 49)
- mittelscharfer Senf
- 2 Möhren, vorgegart
- 2 Essiggurken
- 3 EL Öl
- 3 EL Mehl
- 1/4 l Gemüsebrühe
- Tamari

Zeit: 20 Min.

1 Veganbraten zubereiten.
2 Vom Veganbraten längs vier möglichst gleichgroße und dünne Scheiben schneiden und diese mit Senf bestreichen.
3 Die Möhren und Essiggurken der Länge nach vierteln.
4 Die Veganscheiben mit den Möhren- und Gurkenstreifen belegen, zusammenrollen und mit einem Bindfaden umwickeln.
5 Das Öl in einem Topf erhitzen und die Rouladen von allen Seiten anbraten.
6 Mit etwas Mehl bestäuben, mit der Gemüsebrühe ablöschen und mit Tamari würzen. 10 Minuten bei niedriger Hitze schmoren lassen.

Tofustäbchen maritim

Für 4 Personen

Zutaten
- Wasser
- 2 TL Gemüsebrühe, gekörnt
- 1 Lorbeerblatt
- 5 Pimentkörner
- 5 Wacholderbeeren
- 5 Nelken
- Zitronenschale
- 1 Zwiebel
- 10 Wakamealgen, à 20 cm
- 300 g Tofu
- 10 EL Hefeflocken
- Salz, Pfeffer
- 1/2 Bund Petersilie
- 200 g Weizenglutenpulver
- 2 Norialgenblätter
- 2 gestr. EL Sojagen
- 2 gestr. EL Sojaflocken
- Paniermehl
- Öl zum Braten
- Zitronenscheiben

Zeit: 1 Std. 20 Min.

1 Am Vortag aus 1/2 l Wasser, Gemüsebrühe, Lorbeerblatt, Pimentkörnern, Wacholderbeeren, Nelken und Zitronenschale einen Sud kochen. Nach einer halben Stunde abseihen.
2 Die Zwiebel schneiden, in die Brühe geben; die Algen 30 Minuten darin einweichen.
3 Die Algen aus dem Sud nehmen und mit einem Mixstab pürieren.
4 Den Tofu zerdrücken und mit Hefeflocken, Salz, Pfeffer, gewaschener und kleingehackter Petersilie und den gemixten Algen gut vermischen.
5 Das Weizenglutenpulver dazugeben und alles zu einem Teig verkneten.
6 Den Teig ungefähr 2 cm dick auf eines der Norialgenblätter streichen und mit dem anderen Blatt abdecken.
7 Die gefüllten Algenblätter mit einem scharfen Messer in 2 cm breite Stäbchen schneiden.
8 Wasser, Sojagen und Sojaflocken verrühren.
9 Die Stäbchen darin eintauchen und im Paniermehl wenden.
10 In einer Pfanne das Öl erhitzen und die Stäbchen darin unter mehrmaligem Wenden knusprig braten; mit Zitronenscheiben belegen und heiß servieren.

Reisring mit Schwarzwurzelsauce

1 Öl in einer Pfanne erhitzen, den Reis darin anrösten.
2 Mit dem Wasser ablöschen, salzen und bei niedriger Hitze ungefähr 30 Minuten köcheln lassen.
3 Inzwischen die Schwarzwurzeln schälen, in mittelgroße Stücke schneiden und sofort in Essig- oder Zitronenwasser legen, damit sie sich nicht verfärben.
4 In Salzwasser, dem etwas Zitronensaft zugefügt wurde, zum Kochen bringen, die in Stücke geschnittenen Schwarzwurzeln zugeben und garen.
5 Eine Sauce hollandaise herstellen, als Sud das Essig- oder Zitronenwasser verwenden.
6 Die Schwarzwurzeln in die Sauce hollandaise geben und kurz erwärmen.
7 Eine Ringform mit Öl bepinseln; den Reis hineinfüllen, gut andrücken und auf eine Servierplatte stürzen.
8 Die Sauce mit den Schwarzwurzeln in die Mitte des Reisrings füllen.

Beilage Grüner Salat
Variante Statt Schwarzwurzeln kann man beliebiges Gemüse in den Reisring füllen.

Für 4 Personen

Zutaten

- 1 EL Öl
- 2 Tassen Vollreis
- 8 Tassen Wasser
- 1 TL Salz
- Öl für die Form

Sauce

- 750 g Schwarzwurzeln
- Essig- oder Zitronenwassser
- Sauce hollandaise (s. Rezept S. 73)

Zeit: 40 Min.

Mehrfach ungesättigte Fettsäuren finden sich in wertvollen Keimölen, wie Weizen-, Avocado-, Oliven- und Mandelöl.

Für 4 Personen

Zutaten

- 2 Tassen Buchweizen
- 1 EL Öl
- 6 Tassen Wasser
- 1 TL Salz
- 1/2 TL Muskatpulver
- 1 TL Majoran
- 1 TL Thymian

Paprika-Mischgemüse

- 1 große Zwiebel, weiß
- 2 grüne, 1 rote und 1 gelbe Paprika
- 1 EL Öl
- 3–4 Tomaten
- 1 TL Gemüsebrühe, gekörnt

Tofubeilage

- 4 EL Öl
- 2 EL Tamari
- 1/4 TL Pfeffer
- 8 Scheiben Tofu

Zeit: 40 Min.

Paprika hat einen hohen Vitamin-C-Gehalt. Daneben sind in ihr noch Beta-Karotin und Vitamin E zu finden. Diese Kombination macht sie zu einem idealen Radikalefänger. Gerade in kalten Jahreszeiten sollte dieses Gemüse mindestens einmal in der Woche auf den Tisch kommen.

Buchweizen mit Paprika und Tofu

1 Den Buchweizen waschen und gut abtropfen lassen.

2 In einer Kasserolle Öl erhitzen, den Buchweizen darin anbraten und mit Wasser ablöschen; die Gewürze dazugeben und 5 Minuten bei starker Hitze kochen lassen. Weitere 20 Minuten auf der heißen Platte ausquellen lassen.

3 In der Zwischenzeit für das Mischgemüse die Zwiebel und den Paprika säubern, in große Würfel schneiden und in Öl anbraten.

4 Die Tomaten mit kochendem Wasser überbrühen, häuten und kleingeschnitten zum Paprikagemüse geben.

5 Mit der gekörnten Gemüsebrühe würzen und alles 10 Minuten bei schwacher Hitze dünsten.

6 Öl und Tamari zu einer Marinade verrühren, die Tofuscheiben darin wenden.

7 Den Tofu pfeffern und in etwas Öl auf beiden Seiten goldbraun braten.

8 Den gebratenen Tofu zusammen mit dem Mischgemüse heiß servieren.

Gefüllte Zwiebeln

1 Die Zwiebeln häuten und in reichlich Salzwasser 30 Minuten köcheln lassen.

2 Inzwischen die Tomaten mit heißem Wasser abbrühen, häuten und klein würfeln.

3 Die Aubergine dünn schälen und würfeln.

4 Öl in einer Pfanne erhitzen, die gehackten Haselnüsse darin kurz rösten und gleich aus der Pfanne nehmen.

5 Im selben Öl die Auberginenwürfel anbraten, salzen und pfeffern.

6 Die Hafergrütze unter die Auberginen mengen und mitrösten; dann die Tomatenwürfel zugeben und mit etwas Kochsud ablöschen. 10 Minuten bei niedriger Hitze köcheln, bis die Flüssigkeit nahezu verdampft ist.

7 Unterdessen die Zwiebeln aus dem Sud nehmen, das obere Drittel abschneiden und bis auf die beiden äußeren Schalen aushöhlen.

8 Das Ausgehöhlte sehr fein hacken, der vorgekochten Hafergrütze beimengen und die Zwiebeln mit der Masse füllen.

9 Das abgeschnittene Drittel der Zwiebeln in dicke, längliche Streifen schneiden.

10 Die Äpfel vierteln, entkernen und in Spalten schneiden.

11 Öl erhitzen, die Zwiebelstreifen kurz anbraten, an den Pfannenrand schieben und dann die Apfelspalten 5 Minuten mitbraten; gelegentlich umrühren und mit den angebratenen Zwiebelstreifen mischen.

12 Die gefüllten Zwiebeln in eine geölte Auflaufform setzen.

13 Die Zwiebelstreifen und Apfelspalten um die Zwiebeln verteilen, mit dem Räuchersalz würzen und die Thymianblättchen darüberstreuen.

14 Auf jede Zwiebel ein Margarineflöckchen setzen und bei 190 °C 15 Minuten backen.

15 Die Haselnüsse darüberstreuen und alles servieren.

Beilage Kartoffelbrei. Besonders fein sieht es aus, wenn mit einer großen Spritztülle am Rand einer Servierplatte Kartoffelbreirosetten aufgespritzt und die gefüllten Zwiebel- und Apfelspalten gesondert gereicht werden.

Für 4 Personen

Zutaten

- 4 große Gemüsezwiebeln
- Salz, Pfeffer
- 2 Tomaten
- 1 kleine Aubergine
- Olivenöl
- 100 g Haselnüsse, gehackt
- 100 g Hafergrütze
- 2 saure Äpfel (Boskop)
- 1 TL Räuchersalz
- 1 Thymianzweig
- Margarine

Zeit: 1 Std. 5 Min.

Schnellgerichte

Immer öfter muß es beim Kochen schnell gehen. In diesem Kapitel gehen wir besonders auf die Kochsituationen ein, die für Berufstätige relevant sind: schnell, einfach, praktikabel.
Für viele ernährungsbewußt lebende Menschen ist es heute oft wichtig, mittags zwar wenig, aber dafür gesund zu essen.
Wir bieten Ihnen hier interessante Rezepte für Gerichte, die gut schmecken und auch die Gesundheit keineswegs vernachlässigen. Außerdem: Schnelligkeit hat nichts mit Hetze zu tun, und das so verpönte Fast food muß nicht unbedingt schlecht sein. Entscheidend ist vielmehr, welche Produkte Sie für Ihre Gerichte wählen und wie Sie diese zubereiten. Achten Sie auf Frische und Herkunft von Obst und Gemüse. Überlegen Sie, was Sie gegebenenfalls vorbereiten und bei Bedarf aus dem Vorrat nehmen können.
Setzen Sie sich erst mal fünf Minuten gemütlich hin und entspannen Sie sich, bevor Sie zu kochen beginnen. Die Zeit, die Sie bei der »Schnellküche« gewinnen, können Sie so am besten nutzen.

Schauen Sie einmal in die Regale des Bioladens oder Reformhauses: Es gibt eine Menge sogenannter halbfertiger Produkte, die einem beim Kochen Zeit sparen helfen, aber die Qualität des Essens keinesfalls mindern.

Teigwaren enthalten viele Kohlenhydrate. Diese schaffen die Grundlagen für Ausdauer, Konzentrationsvermögen und Koordination.

Italienische Nudeln

Für 4 Personen

Zutaten
- 1–2 Knoblauchzehen
- 1 Bund frisches Basilikum
- 1/2 TL Salz
- 1 TL Zitronensaft
- 4 EL Olivenöl
- 500 g grüne Nudeln ohne Ei

Zeit: 15 Min.

1 Die Knoblauchzehen schälen und kleinhacken, das Basilikum waschen und in feine Streifchen schneiden.
2 Beides zusammen mit dem Salz, dem Zitronensaft und unter allmählicher Zugabe von 3 EL Olivenöl in einem Mörser zerstoßen, bis eine Paste entstanden ist.
3 Die Nudeln in Salzwasser nicht zu weich kochen, abseihen, mit kaltem Wasser kurz abschrecken und abtropfen lassen.
4 In einer Pfanne das restliche Öl erhitzen und die Nudeln darin nochmals erwärmen.
5 Die Nudeln in eine vorgewärmte Schüssel geben und die cremige Paste daruntermischen.

Beilage Knackiger Salat

Spätzle Allgäuer Art

Für 4 Personen

Zutaten
- 300 g Weizen oder Dinkel
- 2 gehäufte EL Sojamehl
- 1 TL Salz
- 1/2 TL Backpulver
- 300 ml Mineralwasser
- 1 l Salzwasser
- 1 EL Schabziger Klee
- 1 große Zwiebel
- 1 Knoblauchzehe nach Geschmack
- 3 EL Olivenöl
- 1 EL Schnittlauch

Zeit: 20 Min.

1 Weizen oder Dinkel fein schroten und mit dem Sojamehl, Salz und Backpulver gründlich vermischen.
2 Unter ständigem Rühren das Mineralwasser zugießen; die Teigmasse 10 Minuten quellen lassen.
3 Salzwasser zum Kochen bringen und den Teig mit einem Löffel in kleinen Portionen ins kochende Wasser geben.
4 Das Wasser nochmals kurz aufkochen lassen und die Teigspätzle mit einer Schaumkelle herausnehmen.
5 Spätzle in eine vorgewärmte Schüssel schichten, dabei die einzelnen Nudelschichten jeweils mit Schabziger Klee bestäuben.
6 Die Zwiebel in Ringe schneiden, die Knoblauchzehe kleinhacken und beides in Öl goldgelb anbraten.
7 Die gebräunten Zwiebelringe mit dem Knoblauch über die Spätzle geben und mit Schnittlauch bestreuen.

Beilage Grüner Salat
Variante Statt selbstgemachter Spätzle Vollkornnudeln (Hörnchen) verwenden.

Nudelauflauf mit Curry und Lauch

Für 4 Personen

Zutaten
- 500 g Nudeln
- 10 Champignons
- 300 g Lauch
- 2 EL Öl
- 2 TL Gemüsebrühe, gekörnt
- 200 g Tofu
- 100 g Sojamilch
- 1 Knoblauchzehe
- 1 TL Kräutersalz
- 1 TL Curry
- 100 g Kürbiskerne

Zeit: 30 Min.

1 Nudeln halbgar kochen und abseihen.
2 Champignons säubern, blättrig schneiden, den Lauch putzen und in Ringe schneiden.
3 Das Öl in einer großen Pfanne erhitzen, Champignons und Lauch zugeben und kurz anbraten; mit Gemüsebrühe abschmecken.
4 Den Tofu mit Sojamilch, Knoblauch, Kräutersalz und Curry pürieren.
5 Die Nudeln in eine gefettete Auflaufform geben, die Tofucreme darübergeben und mit Kürbiskernen bestreuen.
6 Den Auflauf bei 180 °C im Backofen knappe 15 Minuten backen lassen.

Kohlrouladen

Für 4 Personen

Zutaten
- 1 großer Chinakohl
- Öl

Füllung
- Soja- oder Getreidebratlingsmasse (siehe Rezept S. 80)
- 1 Bund Petersilie, gehackt

Sauce
- 1/2 l Soja- oder Reismilch
- 3 EL Reismehl
- 1 Msp. Muskatpulver
- 2–3 Tropfen Zitronenöl oder etwas Zitronenschale

Zeit: 35 Min.

1 12 große Chinakohlblätter abtrennen, waschen und kurz in siedendes Wasser tauchen.
2 Die restlichen Blätter ebenfalls waschen, kleinschneiden und in Öl kurz anbraten.
3 Für die Füllung werden die Soja- oder Getreidebratlingsmasse zubereitet, der angebratene Kohl und die geputzte und kleingehackte Petersilie untergerührt.
4 Auf das breite Ende eines jeden Kohlblattes 2 bis 3 EL Füllung geben, die Blätter aufrollen und seitlich einschlagen.
5 Die Kohlrouladen in Öl von allen Seiten anbraten, mit etwas Kohlkochsud ablöschen und 20 Minuten bei mäßiger Hitze garen; gelegentlich wenden, herausnehmen und warmstellen.
6 Für die Sauce werden von der Soja- oder Reismilch einige EL genommen, um das Reismehl damit anzurühren.
7 Die restliche Milch in einem Topf aufkochen, mit Muskat und etwas Zitronenschale verfeinern, dann das angerührte Reismehl untermischen und kurz aufkochen lassen.

Beilage Kartoffeln
Tip Restliche Bratlingsmasse zu Bratlingen ausbacken.

Sellerieschnitzel mit Linsen

Für 4 Personen

Zutaten
- 1 große Sellerieknolle
- 1/2 Tasse Basmatireis
- 3 EL Suppengemüse, getrocknet
- 1 Dose braune Linsen
- 1 Tasse Corn-flakes
- 1 Bund Petersilie
- 1 unbehandelte Zitrone
- Salz, weißer Pfeffer
- Semmelbrösel
- 2 EL Sojagen
- Salatgarnitur

Zeit: 45 Min.

1 Die Sellerieknolle putzen, schälen und ganz in Salzwasser garen; dann herausnehmen.

2 Den Reis und das Suppengemüse im Selleriesud aufkochen und bei ausgeschaltetem Herd etwa 20 Minuten quellen lassen.

3 Inzwischen die Linsen abseihen (Flüssigkeit auffangen) und mit einem Kartoffelstampfer zerdrücken.

4 Falls Reis und Suppengemüse beim Quellen nicht alle Flüssigkeit aufgesaugt haben, die restliche Flüssigkeit abgießen.

5 Die Corn-flakes zerbröseln, die Petersilie waschen, trocknen und fein hacken; ebenso die Zitrone waschen, trocknen und ein wenig Zitronenschale abreiben. Alle Zutaten dem Reis untermischen und, falls die Masse zu feucht ist, Semmelbrösel zufügen; mit Salz und Pfeffer abschmecken.

6 Aus der Reismasse Bratlinge formen, in Semmelbröseln wenden, in heißem Öl ausbraten und warm halten.

7 Die Sellerieknolle in große Scheiben aufschneiden und diese kurz anbraten.

8 Die Linsenflüssigkeit in einen Topf füllen, Sojagen unterrühren und erwärmen.

9 Auf je eine Selleriescheibe einen Bratling legen und mit der Soja-Linsen-Sauce übergießen.

Hirse mit Sauerkraut und Tempeh

Für 4 Personen

Zutaten
- 1 Tasse Hirse
- 3 Tassen Wasser
- 800 g Sauerkraut
- 1 EL Olivenöl
- 4 Scheiben Tempeh
- 4 EL Gomasio
- 20 schwarze Oliven

Zeit: 30 Min.

1 Die Hirse in einer Schüssel waschen, abseihen und nochmals unter fließendem Wasser abspülen.

2 Das Wasser zum Kochen bringen und die Hirse mit dem Sauerkraut bei wenig Hitze 20 Minuten ziehen lassen.

3 Olivenöl in einer Pfanne erhitzen und die Tempehscheiben darin kurz auf beiden Seiten anbraten.

4 Sauerkraut und Hirse mit Gomasio würzen und mit Oliven verzieren; den Tempeh danebenlegen.

Pellkartoffeln mit Tofucreme

Für 4 Personen

Zutaten
- 1 kg Kartoffeln
- Salz
- 1 TL Kümmel

Creme
- 250 g Tofu
- 1 Tomate
- 1 Möhre
- 1/2 rote Paprikaschote
- 2 TL eingelegte grüne Pfefferkörner
- 2–3 TL Essig
- schwarzer Pfeffer

Zeit: 25 Min.

1 Die Kartoffeln waschen und gründlich abbürsten.
2 Salz und Kümmel in einen Topf mit Wasser geben und die Kartoffeln darin etwa 20 Minuten kochen lassen.
3 In der Zwischenzeit den Tofu in einem Sieb gut abtropfen lassen.
4 Die Tomaten überbrühen, häuten, vierteln, entkernen und die Stielansätze wegschneiden.
5 Die Möhren und die Paprikaschote waschen, in 2 bis 3 cm große Stücke schneiden und mit den Tomaten, dem Tofu und den grünen Pfefferkörnern pürieren.
6 Die Sauce mit Salz, Essig und Pfeffer abschmecken.
7 Die Kartoffeln (Kartoffelwasser für eine Suppe oder Sauce verwenden) abgießen und mit der Tofucreme servieren.

Kartoffelrösti mit Tofu

Für 4 Personen

Zutaten
- 1 Zwiebel
- 3 EL Öl
- 8 große Kartoffeln
- 300 g Räuchertofu
- Salz, Pfeffer
- 1/2 TL Muskatnuß

Zeit: 20 min

1 Die Zwiebel kleinschneiden und in heißem Öl anbraten.
2 Die Kartoffeln schälen, mittelgrob raspeln und zu den Zwiebeln in die Pfanne geben; 10 Minuten mitbraten lassen, gelegentlich wenden.
3 Den Tofu kleinschneiden, ebenfalls in die Pfanne geben und weitere 5 bis 10 Minuten braten, immer wieder umrühren.
4 Mit Salz und Pfeffer würzen und mit Muskatnußpulver abschmecken.

Unser Tip Zur Abwechslung statt der Zwiebel 1 TL Majoran zugeben.

Variation Anstelle des Tofus kann man auch 400 g Champignons oder Austernpilze nehmen. Diese werden die letzten 10 Minuten mit den Kartoffeln mitgebraten. Auf Muskatnuß als Würze wird dann verzichtet.

Anstatt Brokkoli können Sie für diesen Auflauf auch Blumenkohl verwenden.

Kartoffelgulasch

Für 4 Personen

Zutaten
- 4 mittelgroße Zwiebeln
- 1 TL Kümmel
- 3 EL Öl
- 8 große Kartoffeln
- 2 TL Paprikapulver, edelsüß
- 1/2 l Gemüsebrühe

Zeit: 30 Min.

1 Zwiebeln kleinschneiden und mit dem Kümmel in Öl anbraten.

2 Die Kartoffeln schälen, klein würfeln und kurz mitbraten.

3 Mit dem Paprikapulver bestäuben, gut verrühren und mit der Brühe ablöschen.

4 Ungefähr 20 Minuten bei niedriger Hitze dünsten.

Beilage Roggenbrot

Variation Als Szegediner Gulasch: 800 g Sauerkraut mit anbraten, mit der Brühe ablöschen und 15 Minuten dünsten.

Tomaten-Brokkoli-Auflauf

Für 4 Personen

Zutaten
- 300 g Brokkoli
- 200 g Tomaten
- 1/2 TL Pfeffer, 2 EL Tamari
- 50 g Haselnüsse, gerieben
- 10 g Margarine
- 1 Bund Basilikum

Zeit: 20 Min.

1 Den Brokkoli waschen, in Salzwasser bißfest garen, abtropfen lassen und in eine Auflaufform geben.

2 Die Tomaten in Scheiben schneiden und darüberschichten.

3 Mit Pfeffer und Tamari würzen und mit den geriebenen Haselnüssen bestreuen.

4 Über den Auflauf Margarineflöckchen verteilen und bei 200 °C ca. 15 Minuten überbacken.

5 Basilikum waschen, trocknen, in Streifen schneiden und über den fertigen Auflauf streuen.

Beilage Baguette

Suppen

Suppen sind häufig ein Nebenprodukt, das in der vegetarischen Küche fast nicht vorkommt. Das dürfte der Grund sein, warum dieses Kapitel allgemein so vernachlässigt wurde. Es finden sich weltweit kaum Rezepte dafür. Das wollten wir so nicht stehenlassen, denn mit Kreativität lassen sich auch auf diesem Gebiet eine Menge ansprechender Gerichte herstellen.
Lassen Sie sich inspirieren, tunken Sie mit ein, löffeln Sie genüßlich Ihre Suppe aus!

Grundrezept Klare Gemüsebrühe

Für 4 Personen

Zutaten

- 350–500 g Gemüse wie:
- Möhren, Lauch, Petersilienwurzel, Sellerie, Zwiebel
- 1 TL Salz
- 1 1/2 l Wasser
- Cenovis flüssig oder Tamari
- 1 EL Öl
- 2 EL Kräuter, gehackt

Zeit: 35 Min.

1 Das Gemüse waschen, putzen und kleinschneiden.
2 Alles zusammen in dem kalten und gesalzenen Wasser aufsetzen und ca. 30 Minuten kochen lassen.
3 Das Gemüse abseihen und die Brühe mit Cenovis oder Tamari abschmecken. Das Öl zugeben, und die Suppe mit den gehackten Kräutern bestreuen und servieren.

Unser Tip Sie können das weichgekochte Gemüse auch noch durchpassieren und in die Brühe geben. Die Suppe wird dadurch in ihrer Konsistenz sämiger.

Zwiebelsuppe

Für 4 Personen

Zutaten

- 250 g Zwiebeln
- 2 EL Olivenöl
- 3/4 l Gemüsebrühe
- 1/8 l Apfelsaft
- 1 EL Petersilie, gehackt
- Salz, Pfeffer

Zeit: 25 Min.

1 Die Zwiebeln schälen und grob hacken.
2 Olivenöl in einem Topf erhitzen, die Zwiebeln darin glasig anbraten.
3 Die angebratenen Zwiebeln mit der Gemüsebrühe ablöschen und 15 Minuten kochen lassen.
4 Den Apfelsaft zugeben, die Brühe nochmals kurz sprudelnd kochen lassen.
5 Die Zwiebelsuppe mit Petersilie bestreut anrichten. Gegebenenfalls noch mit Salz und Pfeffer oder mit gekörnter Gemüsebrühe abschmecken.

Gemüsebrühe mit Tofubällchen

1 Die Pilze waschen und in lauwarmem Wasser 30 Minuten einweichen.

2 Dann gut abtropfen lassen, die Stiele entfernen und die Kappen vierteln.

3 Während die Pilze im Wasser weichen die Tofubällchen zubereiten. Dafür die beiden Schalotten schälen und mit der abgezupften Petersilie, den ebenfalls abgezupften Kerbelblättern und den Pilzen grob zerhacken.

4 Den Tofu pürieren und mit den Schalotten, Pilzen, der Petersilie und dem Kerbel vermengen.

5 Das Gemisch mit Semmelbröseln zu einer formbaren Masse vermengen und mit Salz und Pfeffer abschmecken.

6 Einen Teelöffel in Wasser tauchen und mit diesem eine kleine Portion von der Masse abstechen; mit nassen Händen kleine Kugeln daraus formen.

7 Die Gemüsebrühe zum Kochen bringen, die Klößchen hineingeben und 5 bis 8 Minuten ziehen lassen.

Die Suppe mit Klößchen heiß servieren.

Für 4 Personen

Zutaten

- 10 g Shiitakepilze, getrocknet
- 2 Schalotten
- 1/2 Bund Petersilie
- 1 Handvoll Kerbel
- 150 g Tofu
- 2 EL Semmelbrösel
- Salz
- 1 Msp. weißer Pfeffer
- 1 l Gemüsebrühe

Zeit: 40 Min.

Diese Gemüsebrühe ist eine köstliche Vorspeise. Aber auch als Zwischenmahlzeit an kalten Wintertagen eignet sich dieses Gericht vortrefflich.

Tofu in Senfsuppe

Für 4 Personen

Zutaten
- 2–3 mittelgroße Kartoffeln
- 3/4 l Gemüsebrühe
- 1 kleine Zwiebel
- Salz, Pfeffer
- 1 Salatgurke
- 3 EL Sojagen
- 1/2 Bund Dill

Zeit: 30 Min.

1 Die Kartoffeln schälen, kleinschneiden und in der Gemüsebrühe garen. Die weichen Kartoffeln pürieren oder durch ein Sieb passieren und wieder in die Suppe geben.

2 Die Zwiebel grob zerkleinert zugeben und mit Salz und Pfeffer würzen.

3 Die Gurke schälen, halbieren, in Würfel schneiden, in die Suppe geben und einige Minuten mitkochen lassen.

4 Das Sojagen mit einigen EL kaltem Wasser glattmischen und in die Suppe hineinrühren.

5 Den Dill waschen, ohne die Stiele kleinzuschneiden, und vor dem Servieren über die Suppe streuen.

Kürbissuppe

Für 4 Personen

Zutaten
- 500 g Kürbis
- 1 Zwiebel
- 2 EL Öl
- 1 l Reismilch
- 3 EL Reismehl o. ä.
- Salz, Pfeffer
- Zitronensaft
- 1 EL Petersilie, gehackt

Zeit: 30 Min.

1 Den Kürbis schälen, entkernen und grob raspeln.

2 Die Zwiebel fein hacken und in heißem Öl in einem Topf glasig anbraten.

3 Den Kürbis zu den Zwiebeln geben und ca. 5 Minuten mitschmoren lassen.

4 Von der Reismilch 1 Tasse abnehmen und das Reismehl (oder ein anderes Bindemittel) darin glattrühren.

5 Die restliche Reismehlmilch zum Kürbis geben; das angerührte Reismehl zugeben und aufkochen lassen.

6 Mit Salz, Pfeffer und Zitronensaft abschmecken und die Suppe mit der gehackten Petersilie garnieren.

Unser Tip Sie können auch einen ganzen Kürbis kaufen, diesen aushöhlen und 500 Gramm vom Fruchtfleisch wie beschrieben – den Rest anderweitig – verwenden. Die Suppe wird dann im ausgehöhlten Kürbis serviert. Bestreuen Sie die Suppe anschließend noch mit gerösteten Kürbiskernen. Das gibt dem Ganzen eine nussige Note und erhöht den Nährwert der Suppe.

Grießnockerlsuppe

Für 4 Personen

Zutaten
- 20 g Pflanzenmargarine
- 50 g Räuchertofu
- 1 l Gemüsebrühe
- 3 geh. EL Hefeflocken
- 1 TL Meersalz
- 1/2 TL Muskatpulver
- Vollweizengrieß
- Schnittlauch

Zeit: 30 Min.

1 Die Pflanzenmargarine schaumig rühren, den Tofu mit einer Gabel zerdrücken oder pürieren und der Margarine untermischen.

2 1/8 l der Gemüsebrühe in eine Tasse abfüllen, den Rest zum Kochen bringen.

3 Im Wechsel Hefeflocken und ein paar Löffel von der kalten Gemüsebrühe unter ständigem Rühren unter die Margarine-Tofu-Masse ziehen.

4 Mit Salz und Muskat würzen und dann so viel Grieß zugeben, daß eine gut formbare Masse entsteht. Restliche Brühe zum Kochen bringen.

5 Von der Masse nun mit einem Teelöffel kleine Klößchen abstechen, in der Hand zu einer Kugel formen und in die kochende Suppe geben. Dabei den Löffel immer wieder in der Gemüsesuppe anfeuchten und so Klößchen für Klößchen in die Suppe geben.

6 Die Hitze reduzieren und die Klößchen 10 Minuten in der Brühe ziehen lassen – nicht mehr kochen! Mit Schnittlauch bestreuen und servieren.

Unser Tip Falls kein geräucherter Tofu zur Hand ist, können weißer Tofu und statt Meersalz Räuchersalz verwendet werden.

Misosuppe

Für 4 Personen

Zutaten
- 1–2 EL Hizikialgen
- 1/2 l Wasser
- 1/2 TL gekörnte Gemüsebrühe
- 1 Möhre
- 1 kleine rote Bete
- je 200 g Kürbisfleisch, Zucchini oder Aubergine
- 50 g Glasnudeln (Reisnudeln)
- 1 EL Miso
- 1 EL Tamari
- 1 EL Distelöl
- 1–2 EL Gomasio

Zeit: 35 Min.

1 Die Algen waschen und im Wasser zusammen mit der körnigen Gemüsebrühe zum Kochen bringen.

2 Die Möhre, die rote Bete, das Kürbisfleisch, die Zucchini, die Aubergine waschen und in kleine Stücke schneiden.

3 Das Gemüse mit in die kochende Brühe geben und in etwa 12 Minuten bißfest garen.

4 Danach die Glasnudeln zufügen, erneut aufkochen lassen und die Suppe mit Miso, Tamari und dem Distelöl würzen. Dann alles gut miteinander verrühren.

5 Vor dem Servieren Gomasio über die fertige Suppe streuen.

Gulaschsuppe Veganer Art

Für 4 Personen

Zutaten

- 150 g Seitan
- 200 g Tofu
- 250 g Champignons
- 3 mittelgroße Kartoffeln
- 1 rote Paprikaschote
- 1 grüne Paprikaschote
- 2 Tomaten
- 3 Zwiebeln
- 3 EL Öl
- 1 TL Räuchersalz
- 1 TL Gemüsebrühe, gekörnt
- 1/2 TL Pfeffer
- 1 TL Kümmel
- 1 TL Majoran
- 2 TL Paprikapulver, edelsüß
- 1 TL Tomatenmark
- 2 EL Arrowroot oder Reismehl
- 2 EL Tamari
- 1 EL Essig

Zeit: 1 Std.

1 Seitan und Tofu waschen, trockentupfen und dann in Würfel schneiden.

2 Champignons, Kartoffeln, die Paprikaschoten, Tomaten und Zwiebeln säubern und klein würfeln.

3 Öl in einem Topf erhitzen und zunächst die Zwiebeln darin glasig andünsten.

4 Dann die Seitan- und Tofuwürfel zugeben und anbraten.

5 Als nächstes die Champignons, dann Salz, Gemüsebrühe, Pfeffer, Kümmel und Majoran anschmoren.

6 Das restliche Gemüse unter Rühren nach und nach untermischen und mit Paprikapulver bestäuben.

7 In einer Tasse das Tomatenmark mit etwas Wasser anrühren und zugeben.

8 Sämtliche Zutaten mit Wasser bedecken und 20 bis 30 Minuten köcheln lassen, gelegentlich umrühren.

9 Arrowroot oder Reismehl mit etwas kaltem Wasser glattrühren und unter ständigem Rühren der Suppe beimengen; erneut aufkochen lassen.

10 Mit Tamari und Essig abschmecken.

Beilage Knuspriges Baguette

Rote Paprika enthält viel Vitamin C. Sie ist der klassische Bestandteil eines guten Gulaschs.

Avocadosuppe

Für 4 Personen

Zutaten
- 1 l Wasser
- 4 geh. EL Sojagen
- 2 EL Öl
- 4 EL gemahlener Reis oder 8 EL Mehl
- 3 TL Gemüsebrühe, gekörnt
- 1/2 TL Dill
- 1/4 TL Pfeffer
- 2 Avocados, reif, aber noch fest
- 1/2 TL Zitronensaft

Zeit: 25 Min.

1 Von dem Wasser einige Eßlöffel in eine Tasse abnehmen, mit dem Sojagen glattrühren und zur Seite stellen.
2 Das Öl in einem Topf erhitzen, das Mehl zugeben und unter ständigem Rühren mit einem Schneebesen mit kaltem Wasser ablöschen.
3 Kurz aufkochen lassen, nach und nach das restliche Wasser, die gekörnte Gemüsebrühe, Dill und Pfeffer zugeben und wieder zum Kochen bringen.
4 Unterdessen die Avocados schälen, pürieren und zusammen mit der angerührten Sojatrockenmilch der Suppe beimengen.
5 Die Suppe nochmals erwärmen, aber nicht kochen lassen!
6 Mit Zitronensaft abschmecken.

Beilage Knuspriges Baguette oder Schwarzbrot

Pfannkuchensuppe

Für 4 Personen

Zutaten
- 250 g Dinkel
- Wasser oder Reismilch
- 2 EL Öl
- 1 l Gemüsebrühe
- 1 EL Schnittlauch

Zeit: 40 Min.

1 Dinkel fein mahlen, mit so viel Wasser oder Reismilch verrühren, daß ein zähflüssiger Teig entsteht; diesen ca. 20 Minuten quellen lassen.
2 Den Teig in dünne Streifen schneiden; in einer Pfanne Öl erhitzen und die Pfannkuchenstreifen darin ausbacken, dann abkühlen lassen. Falls gewünscht, kann man die Pfannkuchenstreifen nun noch dünner schneiden.
3 Kurz vor dem Servieren die Pfannkuchenstreifen mit kochender Gemüsebrühe übergießen und mit fein gehacktem Schnittlauch bestreuen.

Unser Tip Die Pfannkuchen können einen Tag zuvor gebacken, geschnitten und in einem Plastikbehälter mit Deckel gut verschlossen aufbewahrt werden. Pfannkuchensuppe ist vor allem bei Kindern sehr beliebt – auch diese vollwertige Variante.

Saucen, Marinaden, Dips

Die Dips passen übrigens hervorragend zu Rohkost: Möhren, rote Bete, Zucchini, Gurken, Tomaten, kurz blanchierte Brokkoliröschen und viele andere Gemüsesorten schmecken damit besonders gut und überzeugen sogar die größten Rohkostmuffel.

Im folgenden Kapitel bieten wir Ihnen eine Fülle von Saucen, köstlichen Marinaden und leckeren Dips – alle ohne Milcheiweiß und ohne die Verwendung von Ei.

Die Bandbreite der Rezepte reicht von herzhaft bis süß. Sie finden überwiegend beliebte, herzhafte Klassiker wie Braten- und Senfsauce, Kräuter- und natürlich Tomatensauce sowie Remoulade und Mayonnaise. Darüber hinaus sollten Sie auch exotischere und süße Varianten wie Erdnußsauce, Vanillesauce, Carobsauce und Sojasahne probieren. Nehmen Sie unbedingt die Grundrezepte für Sojasahne und Veganmayonnaise in Ihr Repertoire auf! Sie sind Grundlage für verschiedenste süße und pikante Varianten und geben Ihnen Freiraum zum Experimentieren: Würzen Sie die Basisrezepte nach Ihrem Geschmack, natürlich immer mit rein pflanzlichen Produkten. Sie werden feststellen, daß die Vegansaucen und -dips unvergleichlich gut schmecken!

Meerrettich ist eine beliebte Grundlage für Saucen und Dips: Sehr dosiert eingesetzt, ergibt er einen zusätzlichen Aromastoff, ohne dominant im Geschmack zu sein.

Vegetarische Bratensauce

Für 4 Personen

Zutaten

- 3 EL Öl
- 4 EL Reismehl o. ä.
- 1/2 l Wasser
- 1 Msp. Zuckercouleur
- Räuchersalz, Pfeffer
- Knoblauchpulver nach Geschmack
- 1 Msp. Muskatpulver
- 2 TL Tamari

Zeit: 15 Min.

1 Einbrenne herstellen: 1 EL Öl erhitzen, Mehl einrühren und unter ständigem Rühren mit 1/8 l Wasser ablöschen.

2 Das restliche Wasser mit dem Zuckercouleur nach und nach zugießen und mit Räuchersalz, Pfeffer, je nach Geschmack etwas Knoblauchpulver und Muskat würzen; die Sauce kurz aufkochen lassen.

3 Zum Schluß Tamari und das restliche Öl darübergeben – aber nicht mehr kochen lassen!

Unser Tip Damit kann man Getreidereste aufpeppen. Die Bratensauce paßt aber auch zu allen Seitan-, Gluten- oder Tofuspezialitäten.

Meerrettichsauce

Für 4 Personen

Zutaten

- 1–2 EL Öl
- 3 EL Reismehl
- 1/2 l Wasser
- 1 TL Gemüsebrühe, gekörnt
- 2 Msp. Muskatpulver
- 2 Msp. weißer Pfeffer
- 2 EL Sojagen
- 2 EL Zitronensaft
- 3 TL Meerrettich, gerieben

Zeit: 15 Min.

1 Einbrenne mit Öl, Reismehl und Wasser herstellen (siehe Rezept oben).

2 Das restliche Wasser unter ständigem Rühren nach und nach dazugeben und aufkochen lassen.

3 Die Sauce mit der gekörnten Gemüsebrühe, Pfeffer und Muskat würzen.

4 Das Sojagen mit dem Zitronensaft glattrühren und zusammen mit dem geriebenen Meerrettich der Sauce untermengen. Die Meerrettichsauce auf keinen Fall mehr kochen lassen!

Unser Tip Meerrettich enthält Senföle, die für unterschiedlichste gesundheitsfördernde Wirkungen verantwortlich sind. Wer den scharfen Geschmack des frisch geriebenen Meerrettichs gerne mag, dem wird diese pikante Meerrettichsauce besonders gut schmecken. Alle anderen sollten lieber den weniger scharfen Meerrettich aus dem Glas verwenden. Aber aufgepaßt: Viele Fertigprodukte enthalten auch Milcherzeugnisse!

Senfsauce

Für 4 Personen

Zutaten

- 2 EL Öl
- 2–3 EL Reismehl
- 1/2 l Wasser
- 1 TL Gemüsebrühe, gekörnt
- 2 EL Senf, mittelscharf
- Salz
- 1 Prise Zucker
- 1 TL Essig

Zeit: 15 Min.

1 Einbrenne mit Öl, Reismehl und Wasser herstellen (siehe S. 69).

2 Das restliche Wasser unter ständigem Rühren nach und nach zugeben und aufkochen lassen, bis alles leicht eindickt.

3 Die gekörnte Gemüsebrühe beimengen und nochmals aufkochen lassen.

4 Mit Senf, Salz, Zucker und Essig würzen.

Unser Tip Diese pikante Sauce eignet sich hervorragend zu Getreide-, Kartoffel- oder Sojagerichten. Hervorragend schmeckt sie auch mit knackig frischem Sellerie.

Kräutersauce

Für 4 Personen

Zutaten

- 2 EL frische Kräuter, wie Petersilie, Basilikum, Zitronenmelisse, Liebstöckel, Kerbel, Dill, Sauerampfer
- 1/2 l Wasser
- 1 TL Gemüsebrühe, gekörnt
- 1 Meßlöffel Biobin oder Dickungsmittel nach Wahl
- 2 Msp. Muskatpulver
- 2 EL Öl

Zeit: 20 Min.

1 Kräuter waschen und kleinhacken – einige Zweiglein zur Verzierung aufheben.

2 Das Wasser zusammen mit der gekörnten Gemüsebrühe, dem Biobin und Muskat kurz aufkochen lassen und dann beiseite stellen.

3 Die Kräuter und das Öl in den etwas abgekühlten Sud einrühren. Mit den zurückbehaltenen Kräutern garnieren.

Variante Dillsauce

Nach dem Rezept Kräutersauce zubereiten, jedoch ausschließlich 2 EL gehackten Dill verwenden.

Unser Tip Diese vitamin- und mineralstoffreichen Saucen sollten sooft wie möglich auf den Tisch! Sie passen gut zu Kartoffeln, Getreide- oder Nudelgerichten. Verwenden Sie die Kräuter, die Sie gerade zur Hand haben. Das ergibt immer wieder eine neue Geschmacksvariante. Anstelle der frischen Kräuter können Sie tiefgefrorene verwenden. Das ist vor allem im Winter sinnvoll, wenn Sie keine frischen bekommen können.

Knoblauchsauce

Für 4 Personen

Zutaten

- 3 Knoblauchzehen
- 2 EL Öl
- 1/2 l Wasser
- 1 Msp. weißer Pfeffer
- 1/2 TL Gemüsebrühe, gekörnt
- 1 1/2 Meßlöffel Biobin
- 3 EL Tamari
- 1 EL Öl

Zeit: 20 Min.

1 Den Knoblauch schälen, die Knoblauchzehen in Scheibchen schneiden und in einer Pfanne mit 1 EL Öl hellgelb anbraten.
2 Mit dem Wasser ablöschen, Pfeffer, gekörnte Gemüsebrühe und Biobin unter Rühren zugeben und kurz aufkochen lassen.
3 Mit Tamari und dem restlichen Öl abschmecken.

Variante Zwiebelsauce
250 g Zwiebeln fein hacken, in 4 EL Öl anbraten, 2 bis 3 EL Reismehl einrühren und mit 1/2 l Gemüsebrühe löschen. 10 Minuten köcheln lassen und mit Salz und Essig abschmecken. Nach Belieben Currypulver zufügen – und fertig ist die Currysauce.

Unser Tip Nichts für Vampire – dafür köstlich zu sämtlichen Getreide- oder Seitangerichten, falls man den Knoblauchgeschmack mag! Daß Knoblauch gesund ist, liegt hauptsächlich an seinem ätherischen, schwefelhaltigen Öl, einer jodhaltigen Verbindung und der Kieselsäure.

Italienische Tomatensauce

Für 4 Personen

Zutaten

- 8–10 Tomaten
- 1 mittelgroße Zwiebel
- 2 EL Olivenöl
- 1/2 TL Oregano
- 1/2 TL Rosmarin
- Salz, Pfeffer

Zeit: 20 Min.

1 Tomaten in kochendes Wasser legen, häuten und in kleine Würfel schneiden.
2 Die Zwiebel hacken und in Öl hellgelb anschmoren.
3 Oregano und Rosmarin zugeben, kurz mit anbraten und dann die Tomatenwürfel zufügen; bei niedriger Hitze ungefähr 5 Minuten köcheln lassen.
4 Mit Salz und Pfeffer abschmecken.

Unser Tip Dieser vegetarische Klassiker ist unersetzlich für Spaghettifreunde, eignet sich aber auch hervorragend zu gefülltem Gemüse und Reisgerichten. Außerdem läßt sich diese Sauce sehr gut vorbereiten. Als besondere Würze empfiehlt sich, einen EL Balsamico in die Sauce zu verrühren.

Die Zutaten für eine Erdnußsauce: Ihre Basis ist die Mehlschwitze, die aromatische Erdnußbutter sorgt für den besonderen Geschmack.

Info Mehlschwitze Das klassische Grundrezept für Saucen aller Art, zum Eindicken, um einer Sauce eine gewisse Konsistenz zu geben: Mehl wird in heißem Öl angeröstet, dann gießt man unter ständigem Rühren Wasser dazu und läßt alles ca. 5 Min. kochen. Dabei quillt das Mehl und macht die Sauce sämig bis dick – je nach dazugegebener Flüssigkeitsmenge.

Béchamelsauce

Für 4 Personen

Zutaten

- 1 Zwiebel
- 1 EL Öl
- 4 EL Mehl
- 1/2 l Gemüsebrühe
- 1/4 TL Muskatpulver
- 2 EL Sojagen
- 2 TL Zitronensaft
- 1 Msp. Cayennepfeffer

Zeit: 15 Min.

1 Die Zwiebel sehr klein hacken und in heißem Öl glasig anbraten; mit Mehl bestäuben und mit etwas kalter Gemüsebrühe ablöschen.

2 Unter ständigem Rühren die restliche Gemüsebrühe nach und nach zugießen und aufkochen lassen.

3 Dann das Muskat dazugeben und alles gut verrühren.

4 Das Sojagen mit Zitronensaft verrühren und der Sauce beigeben.

5 Die Béchamelsauce mit Cayennepfeffer und eventuell etwas Salz abschmecken.

Info Diese fettarme Sauce paßt gut zu allen Getreide- und Tofugerichten. Ideal, wenn man auch beim Abnehmen auf den Genuß nicht verzichten will.

Sauce hollandaise

1 Öl erhitzen, das Mehl darin hellgelb anschwitzen.
2 Den Topf vom Herd nehmen, mit dem Schneebesen etwas Sojamilch hineinrühren.
3 Die Einbrenne aufkochen lassen und unter Rühren die restliche Milch zugießen.
4 Die gekörnte Gemüsebrühe, Muskat und Pfeffer beimengen und nochmals aufkochen lassen.
5 Mit Sojagen verfeinern.

Info
Darin taucht junges Gemüse wie Spargel, Kohlrabi, Erbsen und Möhren gerne unter!

Für 4 Personen

Zutaten
- 3 EL Öl
- 5 EL Mehl
- 1/2 l Soja- oder Reismilch
- 2 TL Gemüsebrühe, gekörnt
- 2 Msp. Muskatpulver
- 2 Msp. weißer Pfeffer
- 2 EL Sojagen

Zeit: 10 Min.

Erdnußsauce pikant

1 Aus Öl, Mehl und Reis- oder Sojamilch eine Einbrenne herstellen, die restliche Milch unter ständigem Rühren zugeben und aufkochen lassen.
2 Mit gekörnter Gemüsebrühe und Pfeffer würzen.
3 Erdnußbutter und Sojagen zugeben und verquirlen – nicht mehr kochen lassen!

Info
Diese gehaltvolle Sauce ist ein geschmackvoller Proteinlieferant. Sie eignet sich vorzüglich zu indonesischen und Getreidegerichten.

Für 4 Personen

Zutaten
- 2 EL Erdnußöl
- 4 EL Mehl
- 1/2 l Reis- oder Sojamilch
- 1 TL Gemüsebrühe, gekörnt
- 1/4 TL Pfeffer
- 1 Msp. Cayennepfeffer
- 3 EL Erdnußbutter
- 1 EL Sojagen

Zeit: 10 Min.

Erdnußsauce süß

1 Aus Öl, Mehl und Reis- oder Sojamilch eine Einbrenne herstellen, dann die restliche Milch unter ständigem Rühren dazugeben.
2 Zucker und Vanille zufügen und kurz aufkochen lassen.
3 Erdnußbutter und Sojagen zugeben und verquirlen – nicht mehr kochen lassen!

Info
Diese süße Variante der Erdnußsauce schmeckt hervorragend zu Pfannkuchen oder zu verschiedenen süßsauren asiatischen Gerichten.

Für 4 Personen

Zutaten
- 2 EL Erdnußöl
- 4 EL Mehl
- 1/2 l Reis- oder Sojamilch
- 2 TL Zucker
- 1/4 TL Bourbonvanille
- 3 EL Erdnußbutter
- 2 EL Sojagen

Zeit: 10 Min.

Vanillesauce

Für 4 Personen

Zutaten
- 1/2 l Reis- oder Sojamilch
- 40 g brauner Zucker
- 1/4 TL Bourbonvanille
- 20 g Speisestärke
- 2 EL Sojagen

Zeit: 10 Min.

1 1/8 l Reis- oder Sojamilch in eine Tasse geben.

2 Die restliche Milch mit Zucker und Vanille zum Kochen bringen.

3 Speisestärke und Sojagen in der kalten Milch anrühren, zur kochenden Milch geben und kurz aufkochen lassen.

Info

Gut zu Vanillepudding, Rohrnudeln, Grießbrei, Milchreis.

Schokoladen- oder Carobsauce

Für 4 Personen

Zutaten
- 1/2 l Reis- oder Sojamilch
- 20 g Speisestärke
- 2 EL Kakao oder Carob
- 40 g brauner Zucker
- 1/4 TL Bourbonvanille

Zeit: 10 Min.

1 In 6 EL Milch Speisestärke und Kakao oder Carob anrühren.

2 Die restliche Milch zusammen mit dem Zucker und der Vanille aufkochen.

3 Die Milch mit der angerührten Speisestärke und dem Kakao oder Carob, in die kochende Milch einrühren; dann nochmals kurz aufkochen lassen.

Schokoladen- oder Carobsauce: Vergessen Sie nicht die Vanille – am besten ist natürlich das Mark einer Schote. Sie ist das I-Tüpfelchen dieser Sauce.

Grundrezept Sojasahne

Für 4 Personen

Zutaten
- 1/8 l Sojamilch
- 1/8 l Öl
- 2–3 TL Zitronensaft

Zeit: 15 min

1 Die Sojamilch und das Öl gut kühlen.
2 Die kalte Sojamilch in ein hohes Gefäß geben, den Zitronensaft einrühren und die Milche gerinnen lassen.
3 Das Öl darübergeben und alles mit einem Pürierstab oder einem Schneebesen so lange verquirlen (am Gefäßrand hochziehen), bis eine feste Masse entsteht.

Unser Tip Sollte die Sojasahne nicht dick genug sein, etwas Zitronensaft oder Sojagen zugeben und nochmals mixen.

Misosahne

2 EL Miso zur Sojamilch geben und die Sojasahne wie beschrieben weiter zubereiten.

Grundrezept Veganmayonnaise

Für 4 Personen

Zutaten
- 1/8 l Sojamilch
- 1/8 l Öl
- 2 TL Zitronensaft
- 1 TL Senf, mittelscharf
- 1 Msp. weißer Pfeffer, Salz
- 1 TL Gemüsebrühe, gekörnt

Zeit: 15 Min.

1 Die Sojamilch und das Öl gut kühlen.
2 Die Sojamilch in ein hohes Gefäß geben, den Zitronensaft einrühren und die Milch gerinnen lassen.
3 Senf, Pfeffer, Salz und Gemüsebrühe einrühren.
4 Das kalte Öl dazugeben und mit einem Pürierstab so lange verquirlen, bis eine feste Masse entsteht.

Kräutermayonnaise

Mayonnaise laut Grundrezept herstellen und 4 EL frische Kräuter, wie Petersilie, Kerbel, Liebstöckel, Zitronenmelisse, Majoran, feingehackt unterrühren.

Meerrettichmayonnaise

Mayonnaise laut Grundrezept herstellen und 2 TL frisch geriebenen Meerrettich, mit Zitronensaft beträufelt, unterrühren. Sie können auch Meerrettich aus dem Glas verwenden.

Senfmayonnaise

Mayonnaise laut Grundrezept herstellen. Mit Senf, die Menge richtet sich nach Geschmack und Senfsorte, abschmecken.

Currymayonnaise

Mayonnaise laut Grundrezept herstellen und 1 TL Curry und 1 TL Johannisbeergelee einrühren.

Tomatenmayonnaise

Mayonnaise laut Grundrezept herstellen. 2 EL Tomatenmark mit 1 EL gehackter Petersilie, etwas Pfeffer und Zucker verrühren und unter die Mayonnaise mengen.

Remoulade

Für 4 Personen

Zutaten

- Veganmayonnaise nach Grundrezept (s. Rezept S. 75)
- 1 EL Sojagen
- 1 kleine Zwiebel
- 1 EL Kapern
- 1 Gewürzgurke
- 1 EL Kräuter

Zeit: 15 Min.

1 Die Mayonnaise nach Grundrezept zubereiten, zusätzlich das Sojagen zugeben.

2 Zwiebel, Kapern, Gewürzgurke und Kräuter klein hacken.

3 Die Zutaten zur Mayonnaise zufügen und alles vorsichtig miteinander vermischen.

4 Bei Bedarf nochmals mit Salz und Pfeffer abschmecken.

Avocados können für viele Speisen verwendet werden. Ob Suppen, Saucen oder Dips – immer verleihen sie dem Gericht eine besondere Note. Nur auf eines sollten Sie achten: Kochen Sie sie niemals, dadurch verlieren Avocados Geschmack und Vitamine!

Tomaten-Paprika-Dip

Für 4 Personen

Zutaten

- Sojasahne nach Grundrezept (s. Rezept S. 75)
- 3 Tomaten
- 2 kleine Paprikaschoten
- Salz
- Zucker
- Muskatpulver
- 1 EL Petersilie, gehackt
- 4 gefüllte Oliven

Zeit: 20 Min.

1 Sojasahne nach Grundrezept zubereiten.
2 Tomaten häuten und die Kerne entfernen.
3 Die Paprika waschen, entkernen, in Stücke schneiden und zusammen mit den Tomaten pürieren.
4 Das Tomaten-Paprika-Püree mit Salz, Zucker und Muskat abschmecken und unter die Sahne heben.
5 Den Dip in Cocktailgläser füllen, kleingehackte Petersilie darüberstreuen und mit je einer Olive verzieren.

Avocadodip

Für 4 Personen

Zutaten

- 2 Tomaten
- 1 Schalotte
- 1 rote Chilischote
- 2 reife Avokados
- 1 Limone
- 1 Bund Koriander oder glatte Petersilie
- 1 TL Kräutersalz
- 1/2 TL schwarzer Pfeffer

Zeit: 20 Min.

1 Die Tomaten häuten, entkernen und klein würfeln.
2 Die Schalotte schälen und ebenfalls kleinhacken.
3 Von der Chilischote die Hälfte in feine Ringe schneiden, diese zum Verzieren aufheben. Die restliche Schote der Länge nach aufschneiden, entkernen, waschen und klein würfeln.
4 Die Avocados längs halbieren und das Fruchtfleisch mit einem Löffel ausstechen.
5 Limone auspressen und den Saft zusammen mit dem Avocadofruchtfleisch pürieren.
6 Koriander oder Petersilie waschen (einige Blättchen zum Verzieren aufheben), den Rest sehr klein hacken.
7 Alle Zutaten miteinander verrühren und abschmecken.

Unser Tip Diese köstliche Avocadocreme versorgt den Körper mit wertvollem Eisen und ist durch ihren Reichtum an Vitamin D und E eine wunderbare Schönheitskur von innen! Sie können alle Sorten rohen Gemüses hineindippen; am besten schmecken Möhren oder Blumenkohlröschen. Kalorienärmer wird der Dip, wenn Sie eine Avocado durch ein Püree von grünem Spargel ersetzen.

Für 4 Personen

Zutaten
- 1 große Dose Kichererbsen
- 2 EL Tahin
- 2 EL Olivenöl
- 1 TL Salz
- 3 EL Zitronensaft
- frischer Koriander oder glatte Petersilie
- 4 milde, eingelegte Peperoni

Zeit: 10 Min.

Hummus ist die gängige Beilage in arabischen Ländern. Mit Phantasie kann man sie durch Gewürze variieren.

Hummus

1 Kichererbsen gut abtropfen lassen.
2 Alle Zutaten, bis auf Kräuter und Peperoni, vermengen und im Mixer zu einem Mus pürieren.
3 Mit kleingehackten Kräutern und feingeschnittenen Peperoni verzieren.

Bratlinge und Füllungen

Als sich der Hamburger auf den Weg machte, die Welt zu erobern, wußte er noch nicht, wie edel und lecker er aus Getreide, Soja oder Bohnen gemacht sein kann. Bei den Vegetariern heißt er jetzt Bratling. Und als solcher wird er seinen Erfolgskurs weiter fortsetzen. Mit einem Vollkornbrötchen wird er zu wahrer Eßkultur, aber auch zu einer kerngesunden Beilage zu Gemüsegerichten.
Als Füllung für Paprika, Gurken, Zucchini oder Kohlrabi haben sich die Bratlingmassen in der vegetarischen Küche einen festen Platz gesichert.

Tips und Tricks für Bratlinge

- Ist die Bratlingmasse zu flüssig:

Semmelbrösel, Corn-flakes oder feine Haferflocken einstreuen, etwas quellen lassen.
Tofu, gemixt oder möglichst klein mit der Gabel zerdrückt, zugeben. Sojatrockenmilch einstreuen. Glutenpulver einstreuen.

- Fallen die Bratlinge auseinander, d.h. sind sie trocken:

Buchweizengrütze aufkochen, ausquellen lassen und zur Masse geben oder Semmelbrösel zugeben.

- Für besonders leckere Varianten:

Sonnenblumenkerne oder Cashewkerne zufügen.

Grundrezept Getreidebratling

1 Getreide mittelgrob schroten und aussieben, den mehligen Anteil zur Seite stellen.

2 Das Gemüse kleinschneiden oder raspeln, in etwas Öl anschmoren, mit Majoran, Thymian, Salz und Pfeffer würzen.

3 Das Schrot ebenfalls dazugeben und mit anrösten, mit etwa der Hälfte des Wassers löschen, unter Rühren bei geringer Hitze 5 bis 10 Minuten köcheln lassen.

4 Das restliche Wasser nach und nach zugießen, bis ein dicklicher Brei entsteht.

5 Je nach Bedarf etwas von dem ausgesiebten Mehl zugeben und den Brei nochmals aufkochen lassen.

6 Das vorgedünstete Gemüse unter die Getreidemasse heben.

7 Die Zwiebeln fein schneiden und mit der Petersilie der Masse untermischen; wer möchte, kann auch den kleingehackten Knoblauch beimengen. Die Bratlingmasse sollte sich gut formen lassen; wenn nötig, noch etwas Semmelbrösel zufügen.

8 Bratlinge formen und entweder im Backofen auf einem gut gefetteten Backblech bei 180 °C ca. 45 Minuten backen oder in der Pfanne braten, dabei ab und zu wenden. Diese Getreidebratlingmasse eignet sich auch vorzüglich zum Füllen von Gemüse, z. B. Paprika.

Für 4 Personen

Zutaten

- 300 g Dinkel oder Grünkern
- 300 g Mischgemüse, wie Möhren, Lauch, Zucchini, Sellerie, Kohlrabi, Fenchel
- Öl
- 1 EL Majoran
- 1 TL Thymian
- Salz, Pfeffer
- 1/2 l Wasser
- 3 Zwiebeln, mittelgroß
- 2 EL Petersilie, gehackt
- Knoblauch nach Geschmack

Zeit: 1 Std. 20 Min.

Tofu in der Pfanne: Mit etwas Salz und Pfeffer, ister ein köstlicher Brotbelag.

Sojabratlingmasse

Für 4 Personen

Zutaten

- 125 g Sojasteakli oder Glutenreste
- 1 l Gemüsebrühe
- 2 große Zwiebeln
- 1–2 Zehen Knoblauch
- 1 EL Petersilie, gehackt
- 1 Brötchen, altbacken, oder 100 g Corn-flakes
- Salz, 1/2 TL weißer Pfeffer
- Öl
- Schale von 1/2 unbehandelten Zitrone
- 1 TL frischer oder getrockneter Majoran

Zeit: 45 Min.

1 Sojasteakli in der Gemüsebrühe ca. 25 Minuten kochen. Herausnehmen und abtropfen lassen.
2 Zusammen mit den grobgehackten Zwiebeln, Knoblauch und der Petersilie pürieren.
3 Das Brötchen in der heißen Brühe einweichen, ausdrücken und dann zur Masse geben.
4 Mit Salz, Pfeffer, 2 El Öl, geriebener Zitronenschale und Majoran würzen und alles zu einem Teig vermischen.
5 Bratlinge formen und in heißem Öl braten oder als Füllung für Gemüse verwenden.

Rehburger Bratlingsmasse

Für 4 Personen

Zutaten

- 6 EL Rehburger Bratlingmasse (s. Nachweis S. 95)
- 12 EL Wasser
- 2 große Zwiebeln
- 2–3 EL Getreideflocken
- 2 EL Petersilie, gehackt

Zeit: 45 Min.

1 Die Rehburger Bratlingsmasse mit dem Wasser verrühren und 20 Minuten quellen lassen.
2 Zwiebeln feinhacken und unter die Masse rühren.
3 Die Getreideflocken mit etwas heißem Wasser überbrühen und zusammen mit der Petersilie zur Masse geben.
4 Bratlinge formen und in heißem Öl braten oder als Füllung für überbackenes Gemüse verwenden.

Beanburger

1 Die Bohnen abseihen und mit einem Kartoffelstampfer grob zerdrücken.
2 Die passierten Tomaten zusammen mit dem Suppengemüse in einem großen Topf zum Kochen bringen.
3 Die zerdrückten Bohnen zugeben und mit Pfeffer und Gemüsebrühe abschmecken.
4 Corn-flakes oder Semmelbrösel dazugeben und alles zu einem festen Teig formen.
5 Die gehackte Petersilie untermischen und alles nochmals verkneten.
6 Aus dem Teig nicht zu große, ovale Bratlinge formen. Diese auf ein gefettetes Backblech legen und für 15 bis 20 Minuten in dem auf 220 °C vorgeheizten Backofen backen.

Beilage

Dazu schmeckt ein knackiger gemischter Salat.

Für 4 Personen

Zutaten

- 1 große Dose weiße Bohnen
- 1 kleine Dose Kidneybohnen
- 250 ml Tomaten, passiert
- 1 große Tasse Suppengemüse, getrocknet
- Pfeffer
- Gemüsebrühe, gekörnt
- Corn-flakes und/oder Semmelbrösel
- 1 Bund Petersilie
- Öl

Zeit: 45 Min.

Die Beanburger schmecken auch kalt, eventuell mit Senf. Sollten Sie zuviel Teig haben – er läßt sich auch gut einfrieren, ohne daß die Qualität darunter leidet.

Kuchen, Torten, Süßigkeiten

Backen ohne Ei und Milchprodukte – geht das überhaupt? Eine oft gestellte Frage. Wir wollen Sie mit den folgenden Rezepten davon überzeugen, daß es nicht nur gut klappt, sondern auch lecker schmeckt! Wir vermissen also nichts bei der Veganvollwertkost! Ganz im Gegenteil, wir ersparen uns manche gesundheitlichen Einschränkungen.

Gesunde Ernährung heißt nicht, auf alle kleinen »Sünden« verzichten zu müssen. Auch Backwaren können, maßvoll genossen, noch ein paar Mineralstoffe liefern. Und daß sie gut schmecken, ist sowieso klar.

Tips zur Herstellung von Tortenböden

Je nach den Zutaten wird der Rührteig leicht bis gehaltvoll. Als Grundprodukt für unsere Torten kann er mit den richtigen Zutaten biskuitähnlich werden. Ob Sie Ihre Backerzeugnisse aus frisch gemahlenem Getreide, aus Mischungen oder Weißmehl herstellen, ist reine Geschmackssache. Bei der Herstellung von Torten ist es allerdings nötig, so lockere Teige wie möglich herzustellen. Wird volles Korn verwendet, so ist das kaum möglich. Um den Vollwertfreunden entgegenzukommen, wurden Rezepte für relativ leichte Rührteige, die aus gemahlenem Reis hergestellt werden können, beigefügt. Ob Sie nun Vollkorn- oder Weißmehl verwenden: Zum guten Gelingen sollten einige Tips beachtet werden.

- Die Hälfte der Margarine erwärmen, bis sie flüssig ist. Mit der restlichen gekühlten Margarine und dem Zucker schaumig schlagen.
- Bei der Verwendung von Fruchtzucker empfiehlt es sich, den Zucker zu mixen, damit er sich besser auflöst.
- Die Gewürze werden mit dem Zucker oder Sirup nach und nach zum Fett gegeben und sehr schaumig gerührt.
- Mehl (oder Mehlgemisch) mit dem gesiebten Backpulver gut vermengen.

Ein Vollwertkuchen braucht mehr Flüssigkeit, da er quillt. In den Rezepten ist die Flüssigkeitsmenge der genannten

Mehlart angepaßt. Wenn Sie nach Ihrem Bedürfnis die Rezepte in die eine oder andere Richtung (von Weißmehl bis zu fein gemahlenem Getreide) abändern, ist es nötig, die Flüssigkeitsmenge anzupassen. Der Teig hat generell die richtige Konsistenz, wenn er zähflüssig vom Löffel fällt.

Grundrezept Rührkuchen Veganer Art

1 Den Weizen fein mahlen, Mandeln ebenfalls fein reiben und zusammen mit dem Stärkemehl, Sojamehl, Natron, Backpulver, Sukkanat und der Bourbonvanille vermengen.

2 Wasser und Sojagen vermischen, den Zitronensaft und die zuvor heiß abgewaschene und gut abgetrocknete, abgeriebene Zitronenschale zugeben und mit dem Öl unter das Mehlgemisch rühren.

3 Alle Zutaten zu einem Teig vermengen.

4 Die Kuchenform einölen, mit Semmelbröseln bestreuen und den Teig einfüllen.

5 Bei 175 °C 40 bis 50 Minuten backen.

Den Kuchen im Backofen bei geöffneter Türe abkühlen lassen, vorsichtig aus der Form nehmen und erst nach dem Erkalten schneiden. Rührteige werden bei 175 bis 200 °C gebacken. Garprobe mit einem Holzstäbchen machen!

Für 4 Personen

Zutaten

- 250 g Weizen oder Dinkel
- 100 g Mandeln, geschält
- 3 geh. EL Stärkemehl
- 3 geh. EL Sojamehl
- 2 Msp. Natron
- 1 P Backpulver
- 175 g Sukkanat
- 1/2 TL Bourbonvanille
- 400 ml Wasser
- 2 EL Sojagen
- Saft und Schale von 1/2 unbehandelten Zitrone
- 4 EL Öl

Zeit: 1 Std. 10 Min.

Dinkel, gemahlen oder geschrotet, ist die Basis für eine schnelle und gute Vollwertküche.

Schokotortenboden

Für 4 Personen

Zutaten

- 250 g Weizen oder Dinkel
- 100 g Mandeln, geschält
- 3 geh. EL Stärkemehl
- 3 geh. EL Sojamehl
- 4 geh. EL Kakao
- 1/2 TL Natron
- 1 P Backpulver
- 200 g Sukkanat
- 1/2 TL Bourbonvanille
- 2 EL Sojagen, 4 EL Öl

Zeit: 1 Std. 10 min

1 Weizen fein mahlen, die Mandeln ebenfalls fein reiben und alle trockenen Zutaten miteinander vermengen.

2 Getrennt davon 400 ml Wasser und Sojagen in einem Gefäß miteinander vermischen. Dann zusammen mit dem Öl dem Mehlgemisch zugeben; die Zutaten zu einem geschmeidigen Teig verrühren.

3 Eine Springform mit einem Durchmesser von 26 cm einölen, mit Semmelbröseln bestreuen und den gesamten Teig einfüllen.

4 Bei 175 °C 40 bis 50 Minuten im Backofen backen.

Aniskuchen

Für 4 Personen

Zutaten

- Grundrezept Rührkuchen
- 2 TL Anis, gemahlen
- 1 TL Anis, ganz

Zeit: 1 Std.

1 Den Weizen fein mahlen, die Mandeln ebenfalls fein reiben und alle trockenen Zutaten einschließlich des gemahlenen Anis miteinander vermengen.

2 Wasser, Sojagen, Zitronensaft, abgeriebene Zitronenschale und Öl verrühren und dem Mehlgemisch zufügen.

3 Eine Kasten- oder Rehrückenform mit Öl auspinseln und mit den Anissamen ausstreuen. Bei 175 °C ca. 40 Minuten backen.

Feiner Mohnkuchen

Für 4 Personen

Zutaten

- Grundrezept (s. S. 83)
- 150 g Mohn, gemahlen
- 30 g Sukkanat
- 50 g Mandeln, geschält
- 100 g Rosinen
- Saft und Schale von 1 unbehandelten Zitrone

Zeit: 1 Std. 10 Min.

1 Den Kuchenteig wie oben beschrieben herstellen.

2 Mandeln grob hacken und in etwas Öl anrösten.

3 Von dem Teig etwas mehr als die Hälfte abnehmen und mit den Zutaten für die Mohnmasse verrühren. Nach Bedarf noch etwas Wasser zufügen.

4 Eine Kastenform mit Öl auspinseln, mit Semmelbröseln ausstreuen.

5 Abwechselnd hellen und dunklen Teig in die Form füllen, mit einer Gabel spiralförmig ein Muster ziehen.

6 Bei 180 °C 40 bis 50 Minuten backen.

Rüblitorte mit Sanddorncreme

1 Mandeln fein reiben.

2 Weizen und Buchweizen fein mahlen und mit Backpulver vermischen.

3 Möhren abschaben oder schälen und sehr fein reiben.

4 Alle Zutaten mischen und gut mit der Küchenmaschine durchkneten.

5 Aus dem Teig 3 Böden einzeln bei 180 °C ca. 15 Minuten backen.

6 Die gebackenen Böden abkühlen lassen.

Sanddorncreme

1 Margarine mit Vanillezucker schaumig schlagen.

2 Die Sanddornmarmelade nach und nach zugeben. Achtung, beide Zutaten müssen die gleiche Temperatur haben, damit die Creme nicht gerinnt!

3 Etwas zurückbehalten, um später die Torte zu verzieren.

4 Sanddornsirup nach Geschmack mit dem Rumaroma mischen und die Böden damit beträufeln.

5 Jeweils ein Drittel Sanddorncreme daraufstreichen, zum Schluß die Torte ganz mit Creme überziehen.

6 Mit der restlichen Sanddorncreme die Torte verzieren.

7 Mit geraspelter Möhre und Minzeblättern verzieren.

Für 4 Personen

Zutaten

- 200 g Mandeln, geschält
- 75 g Weizen
- 25 g Buchweizen
- 2 EL Sojamehl
- 1 P Backpulver
- 200 g zarte Möhren
- 100 g Sukkanat
- 3 EL Öl
- Schale und Saft von 1/2 unbehandelten Zitrone
- 1 Prise Salz
- 1 Msp. Zimt
- Reis- oder Sojamilch nach Bedarf

Füllung

- 200 g Margarine
- 1 P Vanillezucker
- 200 g Sanddornmarmelade
- 6 EL Sanddornsirup
- 1 Fl. Rumaroma nach Geschmack

Verzierung

- 12 Minzeblätter

Zeit: 1 Std.

Die Herbe der Sanddornmarmelade verleiht der Rüblitorte ihre eigene Geschmacksnote. Probieren Sie´s.

Apfel-Grieß-Kuchen

Für 4 Personen

Zutaten

- 300 g Vollkorngrieß
- 300 g Zucker
- 300 g Mehl
- 1 P Backpulver
- 2 kg Äpfel
- 1 gestr. TL Zimt
- 2 Msp. Nelkenpulver
- 200 g Sojamilch
- 2 EL Sojagen
- 250 g Margarine

Zeit: 1 Std.

1 Grieß, Zucker, Mehl und Backpulver vermengen.
2 Die Äpfel schälen und entkernen, grob raspeln.
3 Die Mischung mit Zimt und Nelkenpulver abschmecken.
4 Ein Backblech mit Backpapier auslegen.
5 Ein Drittel der Grieß-Mehl-Mischung gleichmäßig auf dem Blech verteilen.
6 Die Hälfte der Äpfel auf dem Teig verteilen.
7 Ein Drittel der Mischung auf die Äpfel geben.
8 Sojamilch mit Sojagen verrühren und darübergießen.
9 Dann die restlichen Äpfel darübergeben.
10 Das letzte Drittel der Mischung darauf verteilen.
11 Die Hälfte der geschmolzenen Margarine dünn über den Kuchen träufeln.
12 Bei 180 °C 30 Minuten im Backofen backen.
13 Restliche Margarine darüber verteilen und bei 180 °C weitere 30 Minuten im Backofen fertigbacken.

Hirsekuchen

Für 4 Personen

Zutaten

- 200 g Hirse
- 300 ml Wasser
- 100 g Datteln
- 100 g Rosinen
- 50–100 g Weizen
- 1 P Backpulver
- 1 P Vanillezucker
- 3/8 l Reis- oder Sojamilch
- 70 g Mandeln, gerieben
- Öl und Semmelbrösel für die Form

Zeit: 1 Std. 30 Min.

1 Hirse waschen und in Wasser 5 bis 10 Minuten kochen.
2 Trockenfrüchte zugeben, langsam abkühlen lassen.
3 Weizen fein mahlen, mit Backpulver und Vanillezucker vermischen.
4 Mit Reis- oder Sojamilch und Mandeln zur Hirse geben und gut verrühren.
5 Eine Springform einölen und den Boden und die Wände mit Semmelbröseln bestreuen.
6 Den Teig einfüllen und bei 180 bis 200 °C etwa 60 Minuten backen.

Unser Tip Essen Sie häufig Hirse. Sie ist eine besonders eisenreiche Getreideart und deshalb für alle Veganer sehr wichtig. Reichen Sie zu diesem Kuchen noch einen Vitamin-C-reichen Obstsalat, um die Eisenaufnahme zu optimieren!

Hefeteig für Blechkuchen

Für 4 Personen

Zutaten
- 350 g Weizen
- 150 g Weizenmehl Typ 405
- 1 P Trockenhefe
- 80 g Fruchtzucker
- 2 Msp. Salz
- 1/4 l Reis- oder Sojamilch
- 3 EL Olivenöl

Zeit: 20 Min.

1 Weizen fein mahlen und mit Mehl, Trockenhefe, Zucker und Salz in eine Küchenmaschine geben. Alles kurz mischen.
3 Reis- oder Sojamilch leicht anwärmen und mit dem Öl zu dem Gemisch geben.
4 Alles gut durchkneten.
5 Den Teig in eine bemehlte Schüssel geben, zudecken und an einem warmen Ort aufgehen lassen.
6 Nach Belieben weiterverarbeiten.

Bienenstich

Für 4 Personen

Zutaten
- Grundrezept Hefeteig

Füllung
- Vanillecreme (s. Rezept S. 90)

Belag
- 100 g Margarine
- 200 g Fruchtzucker
- 1 P Bourbonvanille
- 200 g Mandelstifte oder -blättchen
- 2–4 EL Sojamilch

Zeit: 1 Std. 30 Min.

1 Hefeteig nach Rezept herstellen und aufgehen lassen.
2 Den Teig auf einem gefetteten Backblech ausrollen und am Rand etwas hochziehen, nochmals gehen lassen.
3 Inzwischen Margarine in einer Pfanne erhitzen.
4 Zucker zugeben und verrühren.
5 Die Mandelstifte oder -blättchen dazugeben.
6 Vom Herd nehmen und mit der Sojamilch verrühren, etwas abkühlen lassen.
7 Den Teig gleichmäßig damit bestreichen und den Kuchen bei 190 °C 35 bis 45 Minuten backen.
8 Den erkalteten Kuchen horizontal durchschneiden.
9 Mit Vanillecreme füllen.
10 Den Deckel auf die Creme legen und in Stücke schneiden.

Unser Tip Den Hefeteig können Sie genauso mit 1 Würfel frischer Hefe zubereiten. Wenn Sie nicht viel Zeit haben: Bereiten Sie den Teig schon am Tag vorher zu, und lassen Sie ihn im Kühlschrank langsam gehen. Hefeteig braucht nicht unbedingt Wärme zum Aufgehen. Im Kühlschrank aufgegangener Hefeteig ist feinporiger als bei Wärme aufgegangener.

Streuselkuchen

Für 4 Personen

Zutaten
- Hefeteig für Blechkuchen (s. Rezept S. 87)

Belag
- 300 g Mehl Typ 1050
- 200 g Margarine
- 125 g Zucker
- 1 TL Vanillezucker oder 1 TL Zimt

Zeit: 1 Std.

1 Hefeteig nach Rezept herstellen und aufgehen lassen.
2 Mehl mit der kalten, in Flocken geschnittenen Margarine und dem Zucker verkneten.
3 Die Mischung zu Streuseln bröseln und damit den aufgegangenen Teig belegen.
4 Nochmals kurz gehen lassen und bei 200 °C im Backofen 25 bis 30 Minuten backen.

Variante
Nur 75 g Zucker nehmen, dafür den Teig mit säuerlicher Marmelade dünn bestreichen.

Hefe-Nuß-Ring

Für 4 Personen

Zutaten
- Hefeteig für Blechkuchen (s. Rezept S. 87)
- abgeriebene Schale von 1/2 unbehandelten Zitrone

Füllung
- 300 g Haselnüsse
- 80 g Fruchtzuckersirup
- 1 TL Zimt
- 3 EL Kakao
- etwas heiße Sojamilch

Zeit: 1 Std. 20 Min.

1 Einen Hefeteig für Blechkuchen nach Angaben zubereiten, Saft und Schale der Zitrone zufügen und den Teig gehen lassen.
2 Haselnüsse reiben, mit Fruchtzuckersirup, Zimt und Kakao mischen und so viel Sojamilch zugeben, daß ein dicker Brei entsteht.
3 Den Teig zu einem Rechteck ausrollen, die Füllung daraufstreichen, zusammenrollen und das Ende fest andrücken.
4 Die Rolle mit dem Teigrand nach unten in eine gefettete Ringform legen.
5 Die Oberfläche mit einer Küchenschere dreimal einschneiden.
6 Bei 180 – 190 °C im Ofen 45 bis 50 Minuten backen.

Variante
Mandeln anstelle von Haselnüssen verwenden.

Unser Tip Nach diesem Rezept können Sie beliebige Variationen zubereiten. Probieren Sie einmal Hefeschnecken: Dafür die gefüllte Teigrolle in ca. 1 1/2 cm dicke Scheiben schneiden und im vorgeheizten Ofen bei 200 °C in 10 bis 12 Minuten goldbraun backen.

Die Kakaoglasur wird aus 250 g Puderzucker, 3 EL heißer Sojamilch, 30 g Kakao und 25 g zerlassenem Kokosfett angerührt.

Schokoladentorte

Für 4 Personen

Zutaten
- Schokotortenboden (s. Rezept S. 84)
- Schokoladencreme (s. Rezept S. 90)
- Kakaofettglasur (s. oben)
- Marmelade
- 12 Marzipankartoffeln

Zeit: 1 Std. 10 Min.

1 Tortenboden nach Rezept backen und nach dem Abkühlen in 3 gleich große Platten schneiden oder 3 einzelne Böden backen.
2 Schokoladencreme nach Rezept vorbereiten.
3 3 EL in die Tortenspritze geben, den Rest gleichmäßig auf die Böden verteilen.
4 Deckel und Rand dünn mit heißer Marmelade bestreichen und dann mit der Kakaoglasur überziehen.
5 12 Stücke markieren. Nach dem Erkalten mit der Creme verzieren und die Marzipankartoffeln daraufsetzen.

Mokkatorte

Für 4 Personen

Zutaten
- Rührkuchen (s. Rezept S. 83)
- Mokkacreme (s. Rezept S. 91)
- 1 Fl. Arrakaroma
- 3 EL Marmelade

Zeit: 1 Std. 10 Min.

1 Den Rührkuchenteig backen und abkühlen lassen. Den Tortenboden in 2 bis 3 Platten teilen.
2 Marmelade mit dem Arrakaroma glattrühren und auf den Tortenböden verteilen. Mokkacreme darauf verteilen.
3 Stücke markieren, Cremetupfer daraufsetzen, mit Kaffeebohnen verzieren.

Die Grundsubstanzen für eine Creme sind immer die gleichen. Das ermöglicht, ohne große Schwierigkeiten, Neues – je nach Geschmack – auszuprobieren.

Grundrezept Cremes für Torten

Für 4 Personen

Zutaten

- 1 P Puddingpulver (Sahne- oder Vanillegeschmack) oder 50 g Speisestärke
- 1/2 l Reis- oder Sojamilch
- 200 g Fruchtzucker
- 250 g Margarine

Zeit: 15 Min.

1 Puddingpulver mit etwas kalter Sojamilch anrühren.
2 Restliche Milch mit Zucker zum Kochen bringen, angerührtes Puddingpulver einrühren und aufkochen.
3 Pudding erkalten lassen.
4 Die Margarine schaumig rühren. Den Pudding löffelweise unterrühren. Dabei aber unbedingt darauf achten, daß Pudding und Margarine die gleiche Temperatur haben, sonst gerinnt die Creme.

Vanillecreme
1 Päckchen Bourbonvanille zum Puddingpulver geben.

Schokoladencreme
80 g Kakao in das Puddingpulver einrühren.

Nougatcreme
100 g gemahlene und mit dem Zucker gemixte Haselnüsse in der heißen Sojamilch lösen.

Nußcreme
100 g geriebene, angeröstete Haselnüsse oder Mandeln mit dem fertigen, noch warmen Pudding verrühren.

Mokkacreme
3 TL Pulverkaffee mit dem abgekühlten Pudding verrühren.

Mokka-Schokoladen-Creme
2 TL Pulverkaffee und 30 g Kakao mit dem etwas abgekühlten Pudding verrühren.

Aprikosencreme
200 g Aprikosenkonfitüre mit dem fertigen, heißen Pudding verrühren. Zucker beim Grundrezept weglassen.

Ananascreme
200 g Ananaskonfitüre mixen und mit dem fertigen, heißen Pudding verrühren. Zucker beim Grundrezept weglassen.

Rumcreme
Grundrezept mit zusätzlich 1 Fläschen Rumaroma herstellen.

Karamelcreme
200 g Zucker in der Pfanne hellbraun rösten, mit 3 bis 4 EL Sojamilch ablöschen. Diesen Sirup zur Sojamilch geben und statt Vanillepudding Karamelpudding verwenden.

Zitronencreme
Vanillepudding mit knapp 1/2 l Wasser kochen. 5 EL Zitronensirup und etwas Zitronensaft mit dem heißen Pudding verrühren.

Orangencreme
Pudding mit 1/4 l Wasser und 1/4 l Orangensaft kochen. Fein abgeriebene Orangenschale und Orangenlikör zufügen.

Diese Cremes eignen sich gut zum Bestreichen von Kuchen. Aber auch in einer Dessertschale, mit einigen Früchten zur Dekoration, serviert, schmecken sie köstlich.

Fettlösliche Vitamine und deren Anwendungsbereiche

Name	Vorkommen	Tagesdosis	Wirkung	Anwendung
Vitamin A (Retinol)	Pastinaken, Pflanzenmargarine	1 mg Vorsicht vor Überdosierung!	Beteiligt am Sehvorgang; erhält die Funktion von Schleimhäuten und Knorpeln; wichtig für die Immunabwehr allgemein und für Verdauungssäfte	Starke Beanspruchung der Sehkraft, Immunstärkung, Darminfektionen, Leberbeschwerden, erhöhter Streß, Sport, Kälte
Beta-Karotin (Provitamin A)	Brokkoli, Grünkohl, Spinat, Feldsalat, Löwenzahn, Tomaten, Möhren, Mangos, Pfirsiche, Kräuter	6 mg (Schätzwert) Überdosierung nicht möglich	Vorstufe von Vitamin A; wirkt als Radikalefänger (Antioxydans); stärkt die Abwehrkräfte, regeneriert die Haut	Raucher, Sportler, Erholung nach Krankheit, Schwangerschaft und Stillzeit, Streß, Immunstärkung
Vitamin D (Calciferol)	Pflanzenmargarine, Pflanzenöle, einige Pilze wie Steinpilze, Champignons, Morcheln	5 µg	Fördert die Aufnahme von Kalzium und Phosphat; ermöglicht den Knochenaufbau; gut für Zähne und Nerven	Säuglinge und Kleinkinder (Arzt!), Osteoporose, Schuppenflechte (Psoriasis), eiweißarmer Ernährung
Vitamin E (Alpha-Tocopherol)	Kaltgepreßte Pflanzenöle, Weizenkeime, Mais, Hafer, Hirse, Roggen, Weizen, Gerste, Soja, Haselnüsse, Mandeln, Samen, Grünkohl, Avocado, Löwenzahnblätter, Grünkohl	30–60 mg	Wichtiger Radikalefänger; schützt andere Vitamine, Zellwände und Fetteilchen im Blut; erhält die Funktionsfähigkeit von Muskeln und Nerven, fördert die Durchblutung	Raucher, Sportler, Erholung nach Krankheit, Immunstärkung, Arteriosklerose, Streß, Schwangerschaft und Stillzeit

Fett- und wasserlösliche Vitamine und deren Anwendungsbereiche

Name	Vorkommen	Tagesdosis	Wirkung	Anwendung
Vitamin K (Phyllochinon)	Grüne Bohnen, Möhren, Kartoffeln, Blumenkohl, Sauerkraut, Spinat, Rosenkohl, Kohlrabi, Algen	70 mg Vorsicht vor Überdosierung!	Wichtig für die Blutgerinnung (Wundheilung)	Medikamentöse Behandlung mit gerinnungshemmenden Mitteln, Schwangerschaft und Stillzeit
Folsäure	Algen, Avocados, Kohlarten, Bohnen, Erbsen, Fenchel, Spinat, Tomaten, Vollkornprodukte, Bierhefe, Nüsse, Samen	300 µg (folsäurewirksame Verbindungen) = 150 µg	Wichtig für die Zellneubildung und Blutkörperchenbildung; gut für Gehirntätigkeit; hilft, Eiweißstoffe auf- und umzubauen	Generell bei akutem Mangel, z. B durch Alkoholkonsum, Schwangerschaft und Stillzeit, Medikamente (Pille)
Niazin (Nizotinsäuremid oder B3)	Algen, grüne Erbsen, Erdnüsse, Naturreis, Kartoffeln, Bierhefe	15–20 mg (je nach Alter)	Zentrale Funktion im Stoffwechsel; wichtig für den Auf-, Um- und Abbau der Hauptnährstoffe (Eiweiß, Fett, Kohlenhydrate)	Darmentzündungen, Verdauungsstörungen, Migräne, Asthma, Senkung des Cholesterinspiegels (Arzt befragen!)
Biotin	Blumenkohl, Bohnen, Tomaten, Avocados, Spinat, Erbsen, Fenchel, Sojabohnen, Nüsse, Haferflocken, Naturreis, Bierhefe	30–100 µg	Vgl. Niazin; wichtig für die Blutgerinnung und Fettverwertung; ebenso für das Nervensystem, für Haut- und Haarbildung	Fehlfunktionen von Haut, Haaren und Fingernägeln, schwere Darmprobleme, nach Antibiotikaeinnahme
Vitamin B1 (Thiamin)	Vollkornerzeugnisse (bes. Haferflocken), Hülsenfrüchte, Nüsse und Samen, Bierhefe, Naturreis, Kartoffeln	1,2 – 1,5 mg	Wichtig zur Energiegewinnung; Stabilisation und Regeneration des Nervensystems	Erholung nach Krankheit, Ausdauersport, Schwangerschaft und Stillzeit, hoher Kaffeekonsum

Wasserlösliche Vitamine und deren Anwendungsbereiche

Name	Vorkommen	Tagesdosis	Wirkung	Anwendung
Vitamin B2 (Riboflavin)	Vollkornprodukte, Bierhefe, Spinat, Weizenkeime, Roggen, Sojabohnen, Mandeln, Samen	1,6 mg	Wichtig bei Heilungsprozessen der Haut; bei Stoffwechselprozessen; unterstützt den Sehvorgang	Krankheit, Schwangerschaft und Stillzeit, starke Raucher, wird als Farbstoff eingesetzt
Vitamin B5 (Pantothensäure)	Kohlarten, Mungobohnen, Erbsen, Vollkornprodukte, Bierhefe	6 mg	»Anti-Grauhaar-Vitamin«, regt den Haarwuchs an; sorgt für die Pigmentbildung, unterstützt Bindegewebe	Streß, Nervosität, Konzentrationsmängel; schützt vor Infektionen; stärkt die Schleimhäute
Vitamin B6 (Pyridoxin)	Vollkornprodukte, Sojabohnen, Bierhefe, Kopf-, Endivien- und Feldsalat, Rosenkohl, Paprika, Linsen, Avocados, Bananen, Fenchel	1,8 mg	Wichtig für Eiweißstoffwechsel und das Nerven- und Immunsystem; das Wachstums- und Schwangerschaftsvitamin	Kraftsportler, Erholung nach Krankheit, Schwangerschaft und Stillzeit, Streß, Reisekrankheit, Gleichgewichtsstörungen
Vitamin B12 (Cobalamin)	Sauerkraut, Algen, Tempeh, Miso, Brottrunk, Bier	3 µg	Wichtig für Zellteilung und Eiweißverwertung; beeinflußt die Blutbildung; stabilisiert den Wasserhaushalt	Schwangerschaft und Stillzeit, chronische Magenschleimhautentzündungen;
Vitamin C (Askorbinsäure)	Avocados, Sanddorn, Schwarze Johannisbeeren, Blumenkohl, Brokkoli, grüne Bohnen, Fenchel, Grünkohl, Kartoffel, Rosenkohl, Orangen	75 mg	Wichtiger Radikalefänger; stärkt die Abwehrkräfte; hemmt die Bildung von krebserregenden Stoffen; wichtig für Bindegewebe, Zähne, Knochen	Raucher, Sportler, Erkältungen, Immunstärkung, Arteriosklerose, Erholung nach Krankheit, Streß, Schwangerschaft und Stillzeit

Über die Autorin

Brigitta Klingel, Köchin und Erfinderin des geräucherten Tofus, beschäftigt sich schon seit vielen Jahren mit alternativen Ernährungsformen. Ihre Kenntnisse über fleischlose Ernährung und ihre selbstentwickelten Rezepte zeigen, wie man schmackhaft und gesund kochen kann. Im Südwest Verlag erschienen von ihr die Ernährungsratgeber »Vegetarische Grillspezialitäten« und »Gesunde Fleischgerichte vegetarisch«.

Literatur

Bircher, Dr. Ralph: Geheimarchiv der Ernährungslehre. Wissenwertes und Wissenswichtiges. Bircher-Benner Verlag. Friedrichsdorf 1995

Singh, Rajinder: Heilende Meditation. Urania Verlag. CH-Neuhausen/Rheinfall 1996

Produktliste Milch-/eifreier Produkte, neuform Vereinigung (kostenloses Informationsmaterial erhältlich in Reformhäusern).

Produktnachweis

Die Rehburger Bratlingsmasse ist zu beziehen bei:
Bad Rehburger Tee- und Nahrungsmittelfabrik
Jörg Hiller, Alte Poststr. 4, 31547 Rehburg-Loccum
Tel.: 0 50 37/98 38 0, Fax: 0 50 37/98 38 1

Hinweis

Das vorliegende Buch ist sorgfältig erarbeitet worden. Dennoch erfolgen alle Angaben ohne Gewähr. Weder Autorin noch Verlag können für eventuelle Nachteile oder Schäden, die aus den im Buch gemachten praktischen Hinweisen resultieren, eine Haftung übernehmen.

Bildnachweis

Das Fotoarchiv, Essen: 4 (Jochen Tack); IFA, Taufkirchen: 32 (Lescourret); Pasieka, Hilden: 10; Transglobe, Hamburg: 5 (Popperfoto); Ulrich Kerth, München: Titelbild, U4, 1, 6, 9, 15, 20, 27, 28, 31, 37, 40, 43, 45, 46, 49, 53, 54, 56, 61, 63, 66, 68 72, 74, 76, 78, 80, 82, 83, 85, 89, 90

Impressum

2. Auflage 1997

Redaktion: Dr. Ingrid Hönig,
Cornelia Kläger
Projektleitung:
Stephanie Wenzel
Redaktionsleitung:
Dr. med. Christiane Lentz
Bildredaktion: Bettina Huber
Produktion: Manfred Metzger
Umschlag: Till Eiden
Satz/DTP: Klaus Lutsch
Druck: Color-Offset,
München
Bindung: R. Oldenbourg,
München
Printed in Germany

Gedruckt auf chlor- und säurearmem Papier
ISBN 3-517-01778-7

Rezeptregister

Aniskuchen 84
Apfel-Grieß-Kuchen 86
Artischockenkasserolle 35
Avocadodip 77
Avocadosuppe 647
Balinesischer Erdnußreis 38
Beanburger 81
Béchamelsauce 72
Belila 42
Bienenstich 87
Borschtsch mit Buchweizenkascha 37
Boston Baked Beans 43
Bratensauce, vegetarische 69
Buchweizen mit Paprika und Tofu 54
Burritos 44
Chili con Tofu 45
Chinesische Fastenspeise 38
Cremes 90f.
Dal mit Gewürzen 40
Deresere (Okragemüse) 41
Dips 77
Erdnußsauce pikant 73
Erdnußsauce pikant 73
Füllungen 78
Gemüsepakora mit Zitronenreis 39
Gemüsebrühe, klare 62
Gemüsebrühe mit Tofubällchen 63
Gemüsepudding Windsor 36
Getreidebratlinge 79
Gluten47
Grießnockerlsuppe 65
Gulaschsuppe Veganer Art 66
Hefeteig für Blechkuchen 87
Hefe-Nuß-Ring 88
Hirse mit Sauerkraut und Tempeh 59
Hirsekuchen 86
Hummus 78
Italienische Nudeln 57
Kartoffelgulasch 61
Kartoffelrösti mit Tofu 60
Kartoffelsuppe 34
Kelewele 42
Knoblauchsauce 71
Kohlrouladen 58
Kräutersauce 70
Kürbissuppe 64
Lauchpizza 35
Mayonnaisen 75f.
Meerrettichsauce 69
Misosuppe 65
Mohnkuchen, feiner 84
Mokkatorte 89
Nudelauflauf mit Curry und Lauch 58
Pellkartoffeln mit Tofucreme 60
Pfannkuchensuppe 67
Rehburger Bratlingsmasse 80
Reisring mit Schwarzwurzelsauce 53
Remoulade 76
Rüblitorte mit Sanddorncreme 85
Rührkuchen Veganer Art 83
Sauce hollandaise 73
Schokoladen- oder Carobsauce 74
Schokoladentorte 89
Schokotortenboden 84
Sellerieschnitzel mit Linsen 59
Senfsauce 70
Sojabratlingmasse 80
Sojasahne 75
Spätzle Allgäuer Art 57
Streuselkuchen 88
Suppen 62ff.
Süßigkeiten 82ff.
Tofu in Senfsauce 34
Tofu in Senfsuppe 64
Tofu nach Kasseler Art 51
Tofustäbchen maritim 52
Tomaten-Brokkoli-Auflauf 61
Tomaten-Paprika-Dip 77
Tomatensauce, italienische 71
Tortenböden 82
Umga (Kürbis-Mais-Püree) 41
Vanillesauce 74
Veganbraten 49
Veganmayonnaise 75
Veganrouladen 52
Veganscheiben, marinierte 48
Veganschnitzel nature 47
Veganschnitzel, gefüllte 51
Vegastückchen nach Sauerbratenart 50
Wiener Schnitzel Veganer Art 48
Zucchini, gefüllte mit Veganschnitzel 50
Zwiebeln, gefüllte 55

Register

Alkohol 8
Aminosäuren, essentielle 11f.
Ballaststoffe 14
Bluthochdruck 7
Cholesterin 6
Eisen 23f.
Eiweiß 10ff.
Fette 13
Fettsäuren, essentielle 13
Gemüse, milchsaures 30f.
Ginseng-Wurzel 7
Harnsäure 7
Herzerkrankungen, koronare 6f.
Jod 24f.
Jodmangel 25f.
Kalzium 20ff.
Kohlenhydrate 14
Krebs 7
Kropf 25f.
Milchprodukte, Ersatz für 33
Mineralstoffe 8, 18f.
Nikotin 8
Phosphor 22
Proteine 12
Resorptionsstörungen im Darm 18
Sport 8
Veganernährung 4
Vegetarismus 4, 6
Vitamin B12 15ff.
Vitamine 8, 15f.
Vitamine, fettlösliche 92f.
Vitamine, wasserlösliche 93f.
Zink 26f.
Zusätze, tierische 32f.